没有原则的父母，教不出有教养的孩子

刘小军◎著

天津出版传媒集团
天津人民出版社

图书在版编目（CIP）数据

没有原则的父母，教不出有教养的孩子 / 刘小军著
. -- 天津：天津人民出版社, 2019.12
ISBN 978-7-201-15546-3

Ⅰ.①没… Ⅱ.①刘… Ⅲ.①家庭教育 Ⅳ.①G78

中国版本图书馆CIP数据核字(2019)第248656号

没有原则的父母，教不出有教养的孩子
MEIYOU YUANZE DE FUMU JIAO BU CHU YOU JIAOYANG DE HAIZI
刘小军 著

出　　版　天津人民出版社
出 版 人　刘　庆
地　　址　天津市和平区西康路35号康岳大厦
邮政编码　300051
邮购电话　（022）23332469
网　　址　http://www.tjrmcbs.com
电子信箱　reader@tjrmcbs.com

责任编辑　佟　鑫
特约编辑　陈艳芳
装帧设计　末末美书

印　　刷　天津旭非印刷有限公司
经　　销　新华书店
开　　本　710毫米×1000毫米　1/16
印　　张　16
字　　数　242千字
版次印次　2019年12月第1版　2019年12月第1次印刷
定　　价　42.00元

前言

父母都希望给孩子足够的自由和满满的爱，恨不得将世界上最好的东西都送予孩子。所以很多家长在生活中一味地纵容孩子，觉得“孩子喜欢最重要”“孩子长大后自然就懂规矩了”……

然而，无规矩不成方圆。如果父母没有原则，不为孩子制定规矩，孩子便辨别不了自己的言行究竟是好是坏。所以，有些孩子总是无缘由地对家人发脾气，做错了事非但不知错，还推卸责任；让他做点事，他却跟你谈条件：“我可以帮你扫地，但你要送我新的玩具。”

家长付出所有，不是为了“培养”孩子高人一等的优越感。正如儿童教育家苏霍姆林斯基所言：“如用几句话来表达家庭教育学的全部精华，那就是要使我们的孩子成为坚定的人，能严格要求自己。”孩子的未来，最终拼的是人品和教养。

读懂孩子的心，是正确教养的前提。孩子在表达需求时的独特方式往往让家长一头雾水，不知该如何应对。其实，孩子的种种言行举止，都可以从心理学中找到相应的解释。比如，孩子在人群中尖叫，可能是为了吸引大人的注意力；孩子不想做某件事时，会搬出“肚子疼”等各种幼稚的借口；孩子过分调皮，多半是希望得到家长的陪伴……

想要读懂孩子的心，就要尊重孩子的想法，信任孩子的选择。改掉“你必须听我的……”“赶紧……”等口头禅，善用同理心，并学会用商量的语气同孩子交流沟通。

“妈妈，飞机为什么不会掉下来？”面对孩子各种无厘头的问题，家长不能敷衍了事，更不能嘲笑制止。不妨幽默化解、巧妙应答，以此提升孩子的创造性、激发其好奇心。

孩子的教养体现在何处？懂得尊重他人的言行、意愿和劳动成果的孩子，才能赢得他人的尊重，这是人际交往中最基础的礼仪修养。能够宽容他人过错、心地善良的孩子，拥有着健全的人格，举手投足间展现着非凡的魅力。诚实、守时的孩子，更是深受欢迎。谦虚自律、懂得反省的孩子，在人生路上会越走越稳。

孩子的教养来自何处？这与父母的言传身教息息相关。孩子完善的性格，是父母一点点塑造的。家长要善用挫折教育，让孩子成为“输得起、靠得住”的人。

家长要将幽默“传染”给孩子，让孩子敢于自嘲、敢于表达，并为孩子创设充满爱心的、乐观向上的家庭氛围。“你不行”“你笨得很”说多了，只会压垮孩子的自信心。家长应积极挖掘孩子身上的闪光点，将其变成能让孩子受益一生的特长。

拥有良好教养的孩子是情绪管理的高手，家长应教会孩子正确地认识情绪、表达情绪。暴躁、冲动、敏感、焦虑、畏难……无论孩子表现出的是哪一面，都不可怕。给孩子一定的情绪空间，引导孩子拥有积极的自我认同，孩子才能获得安全感，并健康成长。

孩子的教养，都藏在孩子的阅读经历中。有阅读干预专家指出：“不是教孩子如何阅读，而是教孩子渴望阅读。”家长应当不动声色地“诱惑”孩子阅读，通过各种渠道培养孩子的阅读兴趣，帮助孩子形成良好的阅读习惯，而不是逼着孩子去阅读，或者打击孩子的阅读自信心。因为在教育中，诱惑比强迫要有用得多。

想让孩子成为有教养、有理想的人，家长要唤醒孩子心中梦想的种子。白岩松说：“教育的最高境界是‘不言之教’，是父母身体力行带给孩子梦想。”一方面，家长不能随意嘲弄孩子的梦想；另一方面，家长还要积极引导孩子确定人生梦想，用行动去追梦。

最重要的是，不要将自己未曾实现的梦想强加给孩子。孩子是独立的个体，不是父母用来满足自我期望的工具。孩子有孩子的梦想，家长要做的是帮助孩子完成梦想的计划书。

家长不教育好孩子，这个社会会代你狠狠地教育他。孩子的教养是不能缺席的一课，尤其是在公众场合，家长要教孩子讲文明懂礼貌，这是教养的外在表现。

家长自身的修养，对孩子的教养有着至关重要的影响。家长若没有原则地妥协，对孩子的要求不懂得适当满足、适当拒绝，只会让孩子向着“熊孩子”的方向发展。贯穿本书的主题正体现于此：我们的爱，可以没有条件，但千万不能缺少原则。读完本书，你会对孩子的心理有更深的理解，你会发现只要改变教养方式，哪怕是“熊孩子”，缺点也会慢慢改正，变得越来越优秀。

目录

第一章

读懂孩子的心，是正确教养的前提

第二章
孩子未来的成功，最终拼的是人品教养

第三章
完善的性格，是父母一点点给的

第四章
情绪控制，彰显孩子良好的教养

第五章
拒绝拜金主义，培养孩子正确的财富观

第六章

孩子的教养，都藏在孩子阅读的书中

第七章

树立梦想，让孩子成为有教养、有理想的人

第八章

穷养富养，都不如好的教养

第一章
读懂孩子的心，是正确教养的前提

理解，是最有效的管教

家长觉得孩子淘气、不听话……这种种想法，基本都是在用成人的视角去看待孩子。三四岁孩子的家长尚不能理解孩子哭闹背后的真相，面对青春期的孩子，家长们更不懂孩子在想些什么。所以，很多家长渴望能学会“读心术”，以便能明白孩子的心理、找到其行为动机，更好地管教孩子。

刚上小学的玉玉做完作业后，在没人要求的情况下，兴致勃勃地朗读起第二天要学的课文。妈妈在一旁听得很认真，偶尔听到玉玉读错的地方也会和颜悦色地指出来。一开始，玉玉痛痛快快地改了。可之后，妈妈又连续指正了五六次，玉玉不高兴了，将书扔在一边闷声道：“不读了！”

妈妈的好心在一定程度上打消了玉玉阅读的积极性。这个例子也反映出家长在教育孩子过程中的一些失误。换位思考，若你正兴致勃勃地做一件事，身旁的人却总说你这儿不对那儿不对，即使你明白对方是出于好意，恐怕也不会高兴。

家长在教育孩子的时候，要站在孩子的角度看问题。孩子的感受究竟是怎样的呢？其实啊，孩子的心理反应其实和大人差不多，只是认知程度不同，二者都喜欢被赞扬、被鼓励，不喜欢被浇冷水；喜欢被尊重，不喜欢被忽视；顺顺利利就开心，遇到了挫折就伤心；自由自在就觉得舒服，言行遭到限制就觉得烦恼……

孩子和大人一样，当现实与预期不符时就会心生恼怒。只不过孩子心思单纯，未经过磨炼，不懂得克制、忍耐。家长想要读懂孩子，就先想想如果是自己遇到不顺心的情况，是否也会这样。

孩子很多让人抓狂的行为，其实是成长过程中很正常的表现。孩子的心是纯净的、没有邪念的，他们的所有情绪和想法都会直接用行为不加掩饰地表现出来。他们还不太懂得是非对错，不了解“大人世界”的规则，行动往往随心所欲。当孩子做出任性妄为的行为时，家长应直接与孩子沟通，了解孩子的想法。注意，这里所说的沟通是让父母扮演提问者、倾听者，通过循循善诱的方式了解孩子的想法。

家长通过游戏可以发现孩子所具有的特质：调皮、聪明、善良、勇敢……

通过孩子画的画，家长可以了解孩子的内心，这在心理学上被称为“涂鸦心理学”。绘画是一种特殊语言，自有其内在的逻辑。观察孩子所使用的线条、色彩、人物、环境、布局等因素，能够帮助家长解锁孩子内心的密码。

爸爸和琪琪一起画画玩，孩子画好后，爸爸拿起琪琪的画仔细观摩了一下。他发现，画中的琪琪虽然站在草地中间，但是明显离爸爸远，离妈妈近。

爸爸问：“距离画里的琪琪最远的那个东西是什么？”

琪琪回答说：“是房子。”

“为什么房子这么小，这么远？”

琪琪说：“因为家离画上的我们很远。”

“为什么家里这么远？”

“因为我不喜欢待在家。”

“为什么不喜欢呢？”

琪琪说：“我希望爸爸妈妈能一起带我去草地上玩。”

原来，琪琪的父亲忙于事业，很少有时间陪伴琪琪。家对于琪琪而言，好比禁锢自由的牢笼。琪琪渴望父母能抽出时间，陪她外出游玩。

为了读懂孩子的心，家长要加强修养，积极地去了解孩子整个儿童期的发展特点。因为孩子在不同年龄段有着不同的喜好，比如说，某一阶段的孩子很喜欢玩泥土、玩沙子，如果家长不懂得这一阶段孩子的心理特点，很可能会出于卫生或者看护的考虑粗暴地制止孩子去玩耍，而孩子则会因为需求受挫而闹脾气。

孩子的需求表达方式往往有着一定的独特性。比如，孩子频频捣乱，其实是为了吸引家长的注意力，希望得到家长的陪伴；孩子想要逃避某个任务时，可能会找出各种荒诞的借口……如果家长只关注问题的表面，一味用严厉批评的方式制止孩子淘气的行为，孩子很有可能会感到不被理解。

孩子若倾诉欲望强烈、善于表达感受，那么心思则更容易被家长了解。所以，家长要多鼓励孩子表达自己的立场和感受，并发自内心地尊重孩子，不随意压制孩子表达的自由。

有些家长认为，孩子懵懂无知、想法幼稚，只需要告诉孩子什么能做，什么不能做即可，家长没有必要去了解孩子在想些什么。然而这样的做法非但凸显不了家长的权威，反而会让孩子觉得家长专断独行、不理解自己内心的想法，以至于伤害了亲子间的感情。每一个孩子都是独立的个体，家长只有读懂孩子的内心，才能更好地教导孩子。

尊重，成就内心强大的孩子

周国平说："爱孩子是一种本能，尊重孩子是一种教养。"家长希望孩子拥有优秀的品格，比如宽容、纯良、感恩、坚强等，这些都建立在爱与被尊重的基础上。家长的爱和尊重可以造就内心强大的孩子。不过，你真的懂得如何尊重孩子吗？

青青开心地告诉妈妈："我和新同桌成了好朋友，她送了我一个玩具小戒指，我把我的挂坠送给她了。"听到这里，妈妈脸色瞬间就变了。那个挂坠精美又昂贵，是妈妈带着青青去泰国旅行时，从一家店铺里淘到的。

妈妈觉得这个小挂坠有着特殊的意义，比青青的好朋友送的廉价戒指价值高出很多，便不高兴地说："你怎么能擅自做主将挂坠送给别人呢？"

青青愣住了，怯怯地说："这个挂坠不是买给我的吗？你之前不是说凡是我自己的东西都可以自主安排吗？"妈妈不知道该说什么，生起闷气来。青青也赌气躲进房里。

在青青眼中，礼物是没有高低贵贱之分的，最重要的是心意。而妈妈以大人的价值标准去衡量青青的选择，让原本想要分享喜悦到的青青感受失落的情绪。尊重孩子，就是要尊重孩子的选择和决定。家长眼中的一些利弊得失，在孩子心里或许远远没有真挚的情谊重要。有些家长一味地以自己的价值标准去评价孩子的决定，让孩子陷入对自己行为的不断怀疑中，变得患得患失，犹豫不决，生怕自己做了错事。

尊重孩子，就要学会考虑孩子的情绪。当孩子哭泣、恐惧的时候，家长不要一味地斥责孩子软弱、没有主见，禁止孩子去释放情绪。

童童一不小心摔坏了心爱的玩具枪。他守着一堆零件自责不已，难过得直流眼泪。

爸爸看到了，生气地说道："哭什么，再买个新玩具就是了。"童童伤心不已："我就想要我的这把玩具枪。"爸爸嗤之以鼻："真矫情！动不动就流眼泪像什么样子！"

童童害怕得擦干了眼泪。情绪平复后，他问爸爸："爸爸，那你再给我买把新的玩具枪吧。"爸爸便又生气地说："一个男孩子怎么这么优柔寡断！你刚刚怎么不要？这会儿想要也没了，你已经错过机会了！"

童童失望极了，眼泪奔涌而出。爸爸呵斥道："男孩子哭哭啼啼的真丢人！给我把眼泪忍回去。你记住，男子汉不能哭！"

童童拼命抑制住眼泪，低声抽噎起来……

爸爸眼中毫无价值的旧玩具，却可能是童童最珍惜的玩伴。童童因玩具损坏而陷入悲痛时，爸爸不但没有给他安慰，反而不耐烦地呵斥，这对童童的心灵造成了更大的伤害，可能时隔多年，这道伤疤都会留在童童的记忆中难以消退。

当孩子因家长眼中的小事而伤心不已时，家长应认同并抚慰他们的情绪。人们在不同的年龄段所珍视的事物是不一样的，孩子伤心难过的"小情绪"应该得到家长的尊重，只是有些家长很少意识到这一点。

有些家长总是在孩子伤心的时候，批评他们矫情、优柔寡断，这会让孩子的内心充满羞耻感，变得越来越脆弱。尊重孩子的情绪，才能真正地理解孩子、爱孩子。

孩子往往有着非常强的自尊心，特别是在公共场合或面对外人时。有些家长喜欢当着别人的面训斥孩子，以为这样会让孩子谨记教训。然而，结果恰恰相反，这种做法只会对孩子原本脆弱的心灵造成伤害。

孩子的自尊需要家长的维护和尊重。在孩子还小的时候，家长就应当重视对孩子自尊心和责任感的培养，这些品格是在潜移默化中慢慢形成的。家长可以通过鼓励的方式，让孩子在一件件小事上取得成功，锻炼孩子的能力，培养孩子的自尊心和责任感。

家长可以请求孩子帮忙处理一些家务活，如果孩子做得不完美，也不要打击孩子的信心和热情。举个简单的例子，如果孩子自告奋勇去擦桌子，尽管擦得不够干净，家长千万别埋怨或嘲笑孩子，更不要拿起抹布当着孩子的面再重新擦一遍。只需温柔地对孩子说："如果这里再擦一下就非常完美了"。这样的做法既不会打击到孩子的自尊心，也能让孩子做家务的能力和热情得到提高，培养孩子的责任感。尊重孩子的不完美，孩子反而会进步飞速。

家长在与孩子沟通的过程中，不要用"你这样不行"或者"不听父母言，吃亏在眼前"这样的话语来否定孩子。不妨换个语气，这样告诉孩子："我的看法是这样的……你觉得呢？""你的想法很好，但这一点可能需要改进……""关于这件事，你有什么看法……"等等，用建议代替命令，让孩子感受到被尊重、被认可。

尊重孩子的想法和意愿，能让孩子变得越来越独立。哪怕孩子的想法天真幼稚，也不要打击他们。孩子若固执己见，家长不妨制造条件让孩子亲自去尝试、去经历，然后在孩子遭遇阻碍时送上建议、给予教育。这比一味地说教要有效果的多。

需要注意的是，尊重不是放任。有些家长一再对老师强调说："我家孩子主意大、脾气大，我们管不了，一切都拜托老师了。"他们口头上说尊重孩子，不愿意强迫孩子做任何事情，实际上却是不负责任，不懂得合理地管教孩子，一味地听之任之。等孩子出现问题后，他们又会将责任推给孩子老师或学校，自己却撇得一干二净。

孩子为什么需要监护人？这是因为孩子心智不成熟，很多事做不了主，也不应该做主。家长应在孩子面对困难想要逃避、放弃的时候，帮助他们坚持下去；在孩子踏上错路的时候，及时拉他们回头，而不是毫无原则地听从孩子的意见，放任自流。

家长应该保护孩子的自尊心，尊重孩子的情绪和选择，让孩子的内心不断强大，形成独立的人格，坚强地面对未来道路中的风风雨雨。但是，尊重也要讲原则，有底线。

信任是一种快乐，被信任是一种幸福

有一种教育观念认为：人不需要被教育，但需要被“提醒”。面对孩子，家长的教育要从支持、鼓励、信任的立场出发。正如陶行知所说：“教育孩子的全部秘密在于相信孩子和解放孩子。”家长不妨做孩子最可靠的朋友，在孩子需要的时候，给予孩子足够的信任。

一位美国妈妈下班回家时，五岁的儿子正一边吃零食一边看电视。妈妈走进厨房，便皱起了眉头，原来地上洒满了芒果干。妈妈第一时间喊来儿子：“这是怎么回事？”儿子走进厨房看了一眼，耸耸肩道：“我也不清楚，我一直没进厨房，只待在客厅看电视。”听儿子这么说，这位妈妈思忖了一会儿，微笑道：“那就好，妈妈只是问一下。”

妈妈系上围裙，将地上收拾干净后，便开始做晚餐。晚餐快要做好的时候，她突然听到一声猫叫。一只小黄猫在厨房的角落里探出了头，这位妈妈看到这只猫，立马明白，它才是将装芒果干的袋子碰掉在地的“元凶”……

中国青少年研究中心曾在北京、上海、广东等地做了一项调查，其中有一道令人印象深刻的题：“中小学生最喜欢父母的10种做法。”

结果显示：“信任我”这一选项得到了63.5%的最高得票率。可见，孩子最渴望家长做的是给予自己足够的信任感。然而，在生活中，很多家长在同孩子交流时，总会不自觉地用审犯人式的语气：“你作业做好了吗？真的做好了吗？”“你现在跟谁在一起？正在做什么？”“你让我怎么相信你呢？”等等。

很多家长在发现孩子闯祸以后，第一反应是气急败坏地责问：“你怎么老捣乱？”或者粗暴地打断孩子的解释，一味将罪状强加在孩子身上。这种恐吓式、轰炸式的教育会让孩子变得越来越自闭，不敢向家长坦言自己的想法。

德国教育专家多罗特娅·克雷奇默说：“假如父母能采取一种比较理智的方式来对待孩子，那么从一开始就能避免儿童的许多谎话以及亲子之间不必要的争论。”她还说：“教育的方式越严，孩子越会采取遮遮掩掩的做法。”孩子一开始选择谎言可能是害怕受到家长的斥责，或者不想辜负家长的期望。如果家长再三逼迫孩子坦白，孩子为了自圆其说可能会编出更多的瞎话。

如果家长能够关切地注视着孩子的眼睛，耐心地询问：“发生了什么事？”一开始就能避免很多谎言和争论。有时候，家长哪怕意识到孩子正在说谎，也要保持平静的情绪，给予孩子充分的尊重和信任。家长可以用行动表明，孩子如果做错了事情，只要勇敢地承担责任，依然值得赞扬、鼓励。这种发自内心的信任能够杜绝一系列谎言。

美国心理学家沃克和吉布森做过一个“视崖实验”。

韩国某亲子综艺曾以此为背景做过一个节目，他们把玻璃板放在排列好的桌子上面，造成视觉悬崖的效果。之后，他们让孩子和妈妈分别处于玻璃板的两侧，观察孩子能否战胜心中恐惧，爬过玻璃板来到妈妈身边。

孩子原本想要爬过玻璃板，但一看到对面妈妈脸上的表情便退缩了。因为妈妈面无表情地看着他。孩子受到了打击，立马原地返回。

第二次其他因素不变，但这一次，妈妈全程张开双臂，微笑着呼唤起孩子的名字。结果，孩子没有一点犹豫就爬过了“悬崖”。

在这个节目中，妈妈的呼唤、笑容及坚定的眼神是孩子克服心中恐惧的最大力量。有了家长的信任，孩子的人生中便有了强大的“内驱力”。

很多家长为了激励孩子去做一些挑战自我的事情，往往会采取一种“激将法”。比如说，某个爸爸总是对儿子冷嘲热讽，孩子对自己也会充满怀疑，哪怕遇到了一个不错的机会也不敢主动抓住。

对孩子来说，如果连最亲近的家长都不相信他们，他们的努力便失去了意义。家长老是用激将法刺激孩子，时间长了，孩子只会觉得家长根本不爱自己。这其实是一种残忍的负面暗示及潜在的信任缺失，孩子的勇气、信心在这一过程中被消磨殆尽。

在芬兰人的家庭教育中，家长非常注重与孩子之间信任的互动。芬兰驻华大使馆的米卡·蒂若伦曾回忆说：“小时候，我的父母从来不会问我‘作业做完了吗？’，如果爸爸妈妈这样问我，我会觉得有点受伤害。我不希望别人来干涉我的事情，我有能力自主学习。”

在孩子成长的过程中，家长应该给予孩子充分的信任，告诉孩子：“我相信你一定可以的”“在我眼里，你是最棒的”等。每一个孩子都拥有巨大的潜力，而家长的信任，能够最大限度地激发出孩子的内在力量，让孩子在面对挫折时信心和能力大大提升。

家长要让信任进驻到孩子的内心深处，成为孩子成长路上的强大内驱力。因为信任是一种快乐，被人信任是一种幸福。

学会用商量去替代命令

很多家长在要求孩子做一些事情的时候，时常会用命令的口吻，例如“你必须……”“你完不成……别想……”“你若是不……就对你……”等等，这特别容易引起孩子的反叛心理。教育专家陈鹤琴先生说：“孩子幼小的心灵极易受到挫伤，任何粗暴武断的教育方式都是不合时宜的，只有用温和的方式，才能走进孩子的心灵。”

哲哲为了收集三国英雄人物卡，一包接一包地吃起了干脆面，到了正餐时间却没了胃口。

在一次吃午饭的时候，哲哲没尝几口饭菜就放下了筷子，对妈妈撒娇说：“肚子好痛，不想吃啦。”妈妈柔声道：“吃饱了吗？”

哲哲“嗯”了一声，低下头来。这时，妈妈不急不缓地说：“你现在不想吃也可以哟，但晚餐要到6点钟呢。晚餐之前你不能吃零食了，可以吗？”

哲哲小声道：“那我要是吃完这碗饭呢？”

妈妈微笑道：“这当然好，吃饱了饭，下午你就不想吃干脆面啦。”哲哲欲言又止，拿起碗筷又继续吃饭了。

在这个故事中，面对哲哲因为吃过多的零食，而吃不下正餐的行为，妈妈没有用愤怒的语气，而是耐心地与哲哲沟通、商量，让哲哲发自内心地意识到自己的错误，并加以改正。这样的教育方式既避免了在午餐时间破坏良好的家庭氛围，又让孩子能够自觉地改正错误，起到了良好的教育效果。

美国成功学家卡耐基说过："用'建议'，而不下'命令'，不但能维持对方的自尊，而且能使他乐于改正错误，并与你合作。"教育孩子也是如此，有些家长在拒绝孩子时，习惯于简单粗暴地吼孩子："去去去，别烦我！""大人说话小孩别插嘴！"经常用这种命令式的口吻"警告"孩子，孩子的自尊便会受到伤害，孩子甚至会认为自己对家长的让步就是软弱、不自主。在这种情况下，很多孩子会采取"对着干"的方式：你让我往东，我偏要往西。

家长应当做孩子的良师益友，千万别将孩子当成下属、士兵，将自己当成指挥者、操纵者。孩子的成长过程中一定少不了犯错误的经历，家长要抛弃训斥乃至体罚等粗暴的教育方式，改换成用温和的口吻去与孩子商量，或给予建议，例如"来，我们一起讨论一下，我是这样看的……你说怎么办才好呢？"这样的教育方式往往能收到预想之外的良效。

宣宣家最近准备装修新房。爸爸计划在宣宣的房间里摆一张小床、一套桌椅，然后将整面墙都设置成书架的形式。

可是宣宣却在一旁闷闷不乐，妈妈见了，便提醒爸爸道："这是宣宣的房间，你不征求一下他的意见吗？"爸爸满不在乎地说："听我的，实用最好。"

宣宣急忙说道："可是我想把房间装得漂亮一点，墙壁刷成深蓝色，再配上彩色的窗帘，床头摆一盏漂亮的台灯……"

爸爸皱着眉说："弄得这样花里胡哨干什么……"妈妈打断他的话对宣宣说："爸爸的意思是你喜欢看书，有个大书架就能装下很多书。再说了，实用简洁也很酷啊。"

宣宣想了想，说："爸爸的想法也不错。"

家长要注意的是，凡是涉及孩子的事情，都不要用"发号施令"的方式和孩子沟通。家长要重视与孩子协商的过程，无论最后采不采纳孩子的建议，都要与孩子详细说明原因，避免忽视孩子的情绪。在民主氛围中长大的孩子，也会渐渐养成民主协商的习惯，凡事都愿意主动与家长进行沟通，因此亲子关系便能达到理想状态。

然而，现实中有些家长虽然也征求了孩子的意见，却只是象征性地询问孩子，纯粹是“走流程”而已，他们其实并不是真正关心孩子的要求。这种做法对孩子的伤害更大。

家长应当将孩子的反对意见听进心里，之后再耐心地为孩子分析利弊，告诉孩子做事的标准和原则。单纯用禁止性、要求性的语句会让孩子无法把握行为的尺度，使得孩子在以后的生活中遇到问题时缺乏理性分析的能力，很难做出正确的抉择。

对于孩子的某些不良习惯，家长应与孩子进行友好的协商、谈判，与孩子一起制定一份规则，以约法三章的形式让孩子遵守。不要总是想着给孩子一点教训，因为制定规则是为了帮助孩子进行自我约束，而不是为了惩罚孩子。

孩子哭闹撒泼时，不要只是站在一旁说赌气话。当亲子关系出现冲突时，更不要用家长的权威来压制孩子，逼迫孩子赞同自己。家长应该给孩子一个发泄情绪、调整状态的过程，等孩子平静下来后，再慢慢向孩子解释自己这样做的想法和原因。

举个例子，一个小男孩闹着不想上学，爸爸命令他立即背起书包，收拾好了去学校。谁知孩子将书包扔到一旁，在沙发上打起滚来。后来，爸爸改变了方式，当孩子又嚷着不想上学时，爸爸表情平静，耐心地帮孩子整理衣服，背起书包。孩子嘴里虽然还在嘟囔，身体却配合起爸爸的动作。出门上了车后，孩子再不提不想上学的事了。一路上，爸爸温和地和他说起了道理，孩子慢慢地理解了爸爸说的道理，也不再哭闹着逃避上学了。

家长在教育孩子的过程中，要学会用商量的语气和孩子沟通，尝试着做孩子最好的朋友，这样做可以让亲子关系达到和谐的状态。

孩子应该有自己的“朋友圈”

很多家长一谈论起自己的童年生活便眉飞色舞，尤其是有关童年伙伴的话题，回忆起来更是如数家珍。成长的经历告诉我们：孩子也应该有自己的“朋友圈”。

六岁的壮壮是家里的独生子，平时妈妈让他收拾玩具时，他都会耍赖。然而，自从壮壮在幼儿园里认识了一位小伙伴后，情况便大不一样了。

壮壮爱随手扔东西的坏毛病彻底改过来了，还把自己的房间也整理得井井有条。原来，壮壮去这位小伙伴家玩的时候，看到小伙伴总是把东西摆放得整整齐齐，便下意识地模仿起来。

妈妈知道这件事后，经常鼓励壮壮同这位小伙伴交往。

正所谓“三人行，必有我师焉；择其善者而从之，其不善者而改之。”孩子在与其他伙伴的交往中会不知不觉地去学习别人的优点，改掉自己的坏习惯。这跟家长通过社交关系提升自己的道理是一样的，只是孩子们的学习模式比较简单，仅限于初级的模仿罢了。

值得注意的是，由于孩子年纪太小，没有形成自己的是非判断，对于好坏的认知很模糊，无法辨识其他小朋友的行为是否正确。因此，如果孩子起了好奇心，好的行为他会学，坏的行为他同样会模仿。这个时候就需要家长及时引导，并利用这个机会来培养孩子的是非观念。让孩子的社交能力随着“朋友圈”的扩大化、优质化而得到提升。

玩游戏同样可以提高孩子的社交能力。例如，孩子们喜欢玩角色扮演类的游戏，通过“剪刀石头布”这种简单的民主方式来决定谁扮演“医生”“解放军叔叔”或“大坏蛋”……这使得孩子慢慢有了“少数服从多数”的民主思想。

孩子们一起竞争不同的角色，扮演不同的人物，模仿各种场景，这种“过家家”游戏能让孩子们提前接触不少社会上的知识。并且，角色扮演可以赋予孩子另一种视角，当孩子们之间发生争吵时，能够让他们站在别人的位置上考虑问题，进而体会他人的感受。

孩子有了自己的“朋友圈”，群体意识会逐渐增强，个体意识则慢慢淡化。不少孩子在家里都是独生子女，家长的呵护和宠爱容易使他们养成唯我独尊的性格。在群体交往中，那些以自我为中心的孩子是最不受欢迎的。因为孩子很单纯，不喜欢谁就不和谁一起玩。但合群也是一种难能可贵的品质，群体生活会帮助孩子逐渐认清自己性格，有助于克服性格中不好的一面。

在孩子结交朋友的过程中，孩子们之间发生矛盾是正常现象。很多家长特别担心自己的孩子受委屈、被欺负，如果孩子与朋友发生了冲突，家长总想第一时间帮助自己的孩子“讨回公道”。然而，家长的干预往往会让一些小矛盾不断地扩大化、严重化。

有一天，雷雷和好朋友豆豆发生了冲突。

雷雷在小区玩耍时，突然发现口袋里的零花钱不见了，便焦急地找来找去。

忽然，雷雷看到豆豆手里攥着几个硬币去商店里买棒棒糖，便脱口而出：“豆豆，你是不是捡到我的钱了？”豆豆生气地说：“当然不是！”

雷雷认定那钱是自己的，跑上前将豆豆推倒在地，一把抢过了豆豆手里的硬币。豆豆哭着回家去找妈妈。

正当豆豆妈妈怒不可遏的时候，雷雷在妈妈的陪同下登门道歉。雷雷妈温言细语地解释了很久，豆豆妈妈却不买账，不依不饶地挖苦雷雷没教养，甚至要追究雷雷的责任。雷雷妈脸色也黑了下来，干脆带着雷雷回家了。

从那以后，豆豆和雷雷的关系彻底破裂了，见了面都当对方不存在。

其实孩子们之间的一些小矛盾来得快，去得也快，家长应当做孩子的协助者、引导者和支持者，教会孩子如何理智地平息矛盾，而不是将事情闹大。

当孩子哭哭啼啼来找家长时，家长应避免问孩子“你怎么又被欺负了？”“怎么都是你被打？”等等。这样的询问只会让孩子在脆弱无助时受到更大的伤害，或激化孩子们之间的矛盾。家长应当耐心地了解事情的前因后果，在一般情况下，可以给出恰当的指导，让孩子自己去解决。

孩子们之间的友谊在大人看来或许幼稚，但同样值得被尊重。孩子们认真地交朋友，努力建立属于自己的人际关系，家长应该给予鼓励，而不是带着“有色眼镜”去看待他们的友谊：这个孩子学习成绩怎么样？家庭背景如何？家里大人性格怎么样？

孩子也有一定的思考能力，只需要给予正确的引导即可。家长应带着欣赏的态度去支持孩子扩大自己的“朋友圈”，对孩子们的友谊给予尊重，这也是对孩子人际关系的一种锻炼。

要想帮助孩子建立自己的“朋友圈”，家长可以为孩子创造接触小伙伴的机会。比如说，节日期间与亲戚、朋友约好，带孩子一起出游，让孩子在旅行中了解彼此、加深感情。

平时多鼓励孩子参加学校的集体活动，当孩子带朋友来家里玩时，要表现出热情、欢迎的态度。家长们还可以成为朋友，家长之间的来往，对孩子们的友谊能起到一种促进作用。

交朋友是一个非常愉快的体验，在群体里长大的孩子，做事能够考虑得更加全面，合作意识更强，有集体感，为他人着想。所以说，家长应该鼓励孩子创建属于自己的“朋友圈”。

暗示的可怕力量

家长虽然都很爱孩子，希望孩子能成长得更好，但大部分家长总会在不知不觉间给孩子设立一个外部形象，或在不经意间给孩子施加负面的心理暗示。慢慢地，孩子接受了这种“角色设定”，再也无力去改变。

一天，妈妈让小美帮忙去旁边的小卖部买瓶酱油。小美拿过钱蹦蹦跳跳地去了小卖部。当小美买回酱油时，妈妈已经等得不耐烦了：“让你去买瓶酱油都这么慢，那其他事情还怎么敢指望你！”小美特别伤心，默默地回了自己的房间。

晚饭后，妈妈又让小美去书柜找一本书，小美翻来覆去找了很久，不确定是哪一本。正找着，妈妈抱怨道：“怎么找这么久，你的小脑瓜也太笨了。”小美很沮丧，待在一旁默不作声。

后来，小美做事越来越不积极，成绩也逐渐下滑……

每一个孩子都是一棵幼苗，积极的心理暗示好比“阳光和肥料”，而不良的心理暗示却是“暴风骤雨”，前者给得越多，孩子越能茁壮成长，而后者只会摧毁孩子的前途。

有些家长说起自家孩子，翻来覆去就是这么几句话：“他天生胆小，一打雷就要躲起来”“她吃饭就是挑食，从小就这样”“我家孩子像她妈，脑子笨、性子直”……殊不知“说者无意，听者有心”，长年累月生活在这样的评价中，渐渐地孩子也会接受这种设定，生活习惯和性格特征也会越来越趋向于家长所描述的模样。所以，千万别忽视这种日常的心理暗示，它能够给孩子带来毁灭性的打击。

家长想要帮助孩子改掉那些小毛病，不妨换一种表达方式。比如说，将孩子的“笨”“情商低”“胆小”归结为孩子“还没准备好”。让孩子明白，他需要更多时间和机会去历练。这其实是一种积极的心理暗示，会让孩子对未来跃跃欲试，“等我准备好就可以的！”

“皮格马利翁效应”是心理学中的一项重要理论。它告诉我们：赞美、信任和期待带着无与伦比的魔力，它能改变人的行为。家长一定要学会正确地对孩子进行心理暗示。

晓璇无论做什么事都会习惯性地说一句：“我不会。”

早上起床穿袜子，她可怜巴巴地对妈妈说：“我不会。”妈妈让她将衣服扣子扣上，晓璇嘟囔着：“我不会。”而不去行动。

有一次，妈妈鼓励晓璇说：“孩子，你不是不会，是还没学会，现在学了就会了呀。”说着，妈妈脱下自己的外套，一个步骤一个步骤地教晓璇穿衣服。晓璇学着妈妈的样子，花了好几分钟才穿好外套。妈妈喜形于色，摸着她的小脑袋说：“晓璇真聪明，学得真快！”

从那以后，晓璇穿衣服越来越熟练，让晓璇起床穿衣对妈妈来说再也不是个头疼的问题了。

妈妈用鼓励和期待的方式，让晓璇从“我不会”到慢慢地将事情做得熟练。在其他事情上，也有利于让晓璇充满自信，生活中那些不会的事情，只是还没有学而已，学了就会了。

家长对孩子采用的暗示性的语言要足够含蓄、委婉、不带功利性。苏霍姆林斯基曾说：“任何一种教育现象，孩子在其中越少感觉到教育者的意图，他的教育效果就越大。”例如，孩子做事虎头蛇尾，与其对他批评、指责，不妨对他说：“这次做得比上次好多啦，进步很大哟。”

除了语言，家长还可以运用表情或身体动作去暗示。眼神是一种无声的语言，有时候它比语言更细腻，而面部表情也可以传达出很多信息。当孩子做了好事，或者勇敢地战胜了困难时，朝他点点头，冲他会心一笑，都是很好的激励方式。

再比如：向孩子比“V”的手势，竖起胜利的大拇指，轻柔地抚摩孩子的头，拍拍孩子的肩膀，拉着孩子的小手，给孩子一个拥抱等都可以传达出一种鼓励的力量。

成长环境在孩子性格养成中是至关重要的因素。家长可以用自己的行为给孩子做出良好示范，同时为孩子塑造温馨、积极的家庭氛围，帮助孩子养成自信、阳光的性格。

家长还要有意识地引导孩子多进行积极的自我暗示。比如说，在孩子对自己能力产生怀疑的时候，打断孩子那些“丧气”的话，告诉孩子不要愁眉苦脸，鼓励孩子多多微笑、抬头挺胸、眼神坚定，并在心里保持着这样的信念：“我一定可以的！”

根据调查，接近90%的成功者，在幼年时期都曾有被家长的积极暗示所“拯救”的经历。家长一味地说道理也许并不能让孩子理解，运用迂回的暗示法往往却能给孩子强大的力量，让亲子关系更融洽。

心理暗示的力量是巨大的，家长应少给孩子一些批评责怪，多给孩子一些积极向上的心理暗示，这样才能在不久的未来培养出一个优秀的孩子。

优秀的父母都善用同理心

很多家长时常抱怨孩子越来越不听话，似乎越长大暴露出来的问题就越多。为什么会这样呢？这是因为，随着孩子长大，家长将更多的注意力放在了孩子的行为上，很容易忽略孩子的内心想法。然而，在亲子关系融洽的家庭中，家长都懂得运用同理心去和孩子沟通，关注孩子的内心世界。

磊磊闷闷不乐地从幼儿园回到家中，嘴里嚷嚷着再也不想去上学了。妈妈没有责备磊磊，她将磊磊叫到身边，轻轻地搂在怀里，抚摩着磊磊的小脑袋，轻声询问："为什么在幼儿园不开心呢，能跟妈妈说说吗？"。

磊磊诉说着自己的委屈，妈妈静静聆听，不时用手轻拍磊磊的肩膀。慢慢地，磊磊情绪恢复了平静。半小时后，磊磊一抹眼泪，脸上又泛起了笑容。他挣脱妈妈的怀抱，如往常一样打开电视看起动画片来。

第二天，磊磊背着书包开开心心地上学去了，早已忘记了前一天的不快。

磊磊妈妈用温暖的怀抱、轻拍肩膀的慰藉，拉近了与磊磊之间的距离。这就是用同理心与孩子沟通。一旦孩子产生被理解和接纳的感觉，温暖油然而生，阴霾消散殆尽，心态就会变得越来越积极。

研究证明：有同理心的家长，他们的孩子未来得抑郁症或孤独症的概率会更低。这是因为孩子内心深处最细微的情感都能被家长理解，他们成长过程中的烦恼也容易被家长发现，因此亲子之间的关系变得透明、和谐。家长的善解人意会让孩子越来越喜欢倾诉与分享，心里没有阴霾。

有同理心的家长哪怕不认同孩子的观点，也不会随意加以评论，更不会攻击孩子的人格和自尊。他们将孩子视为独立的个体，从不以自己的评判标准去要求孩子。

有同理心的家长会及时与孩子交流沟通，帮助孩子尽快脱离负面情绪。他们会告诉孩子这样的道理：用爱来接纳、包容身边的人，但必要的时候愤怒也是可以的，学会自我保护也是一件很重要的事情。

电影《奇迹男孩》的主人公是天生有着面部缺陷的小男孩奥吉。五年级时，奥吉终于有机会进入学校学习，却因为长相受到同学们的嘲笑和欺负。

当他伤心的时候，妈妈温言道："身处不喜欢的地方，不妨想象自己喜欢的地方场景。虽然不容易，但你要理解别人的不懂事，大度一些好吗？"

"你可能感觉孤独，但事实不是。我们始终与你站在一起。"爸爸悄悄提醒道，"如果被欺负，就欺负回去"。

在父母的教导下，奥吉变得自信起来。后来，他在朋友面前毫无掩饰地说："这就是整容后的模样，我可是拼了命才这么帅的。"

家长若缺乏同理心，就会对孩子做出的努力视而不见，并习惯性地否定孩子的想法，贬低孩子的主张，怀疑孩子的感受。久而久之，孩子也变得自私、冷漠起来。他开始不理解家长，也不关心周围的人。生活中这样的场景比比皆是：孩子在别人遇到困难时冷嘲热讽，再小的事也不伸手帮忙；孩子在家长购物时撒娇耍赖，不理解家长的难处……

心理学家研究发现：同理心低的孩子，很难控制情绪，容易有攻击性行为，进而影响人际关系。那么，家长该如何培养孩子的同理心呢？可参考以下建议：

1. 识别孩子的情感。

孩子的童言稚语中往往潜藏着深意，家长要从孩子的言行举止中找出蛛丝马迹，识别孩子的真实情感。例如，孩子说："听同学说，动物园里的河马长得很奇怪。"他其实是想让家长带他去看河马。在细心体察孩子情感的过程中，家长其实也是在培养孩子对自己的信任。等孩子发现家长能够理解自己的小心思时，就能够慢慢地将心里话都直接表达出来。

2.用"每日情绪"等小练习帮助孩子认识自己的情绪。

将画着各种情绪的人物小卡片贴在家里显眼的地方，比如说，生气、难过、开心、失望、困惑等，然后和孩子一起做练习。例如，在孩子因要求得到满足后露出笑容时，带孩子照照镜子，看看自己的表情对应着小卡片中人物的哪一种情绪，认识到自己的这种情绪叫做开心。这些小练习能让孩子理解自己的感受，慢慢学会用准确的方式表达情绪。而对自己情绪有深刻理解的孩子，往往也能更细心地体察到他人的感受。

3.教孩子用一些短语来表达同理心。

比如："那太糟糕了""你还好吗""是什么让你这么心烦"等。同时告诉孩子，表达关心话语的时候要注意面部表情和肢体动作的配合，如搭配上点头、沉思、嗟叹、失望的表情等。平日里不妨多带孩子在镜子前做练习。这一过程是在培养孩子健康的社交行为。

4.发现孩子搞"小团体"时要及时教育。

尤其是在小学时期，孩子喜欢分"圈内人"和"圈外人"。家长要教导孩子去包容和接纳不同的人，平时多带孩子出去走走，让孩子认识到周边世界的丰富多元。

家长善用同理心去对待孩子，孩子也能够学会用同理心理解父母、对待他人，不会再出现无理取闹的行为。同理心强的孩子更能体会他人的情绪、立场，并能和谐地处理人际关系，成长过程中也会收获周围人的喜爱和支持，表现出的积极品质就越来越突出。

你越禁止，孩子越想要做

家长是不是有过这样的经历：给孩子规定好睡觉时间，孩子却越接近睡觉的时间越兴奋，闹着不想躺下；在打电话的时候，命令孩子不要发出声音，可孩子吵闹得却越发厉害；做饭的时候不让孩子进厨房，让他不要动切好了的菜，结果孩子在厨房玩得更加起劲儿，把东西弄得一团糟……为什么会这样呢？

其实这跟家长的教育方法息息相关。家长越是在孩子的世界里费力去做一个控制者，禁止孩子做这做那，孩子就越想要朝着反方向行动。要怎样才能有效禁止孩子的这种行为呢？

灵灵很爱吃果冻，妈妈怕灵灵吃过多的零食会影响正常饮食，所以每天控制灵灵吃果冻的数量，禁止她擅自拿果冻吃。

灵灵每隔一会儿就可怜巴巴地跑过来问："妈妈，我想吃一颗果冻。"妈妈严厉拒绝。然而，没过多久，妈妈发现灵灵总是偷偷拿果冻吃。一袋果冻没过多久就被灵灵吃完了。

妈妈心想，总这样下去也不是办法，便和灵灵商量说："妈妈知道你喜欢吃果冻，但是果冻吃多了不好。这样吧，以后果冻交给你自己保管，你想一天吃几颗？"

灵灵想了想说："两颗。"妈妈很开心，拿来一包果冻，说："那我们数一数。"数完后灵灵说："一共有30颗，可以吃15天。"妈妈很开心，亲了亲灵灵说："真聪明，吃完了妈妈再给你买一包。"

过了几天，妈妈发现灵灵真的没有多吃果冻。

妈妈不再扮演监督者和控制者的角色，而是选择信任灵灵。灵灵有了自我管理的权利，内心深处的自控力随之被唤醒，便会开始自觉地对自己的行为加以控制，撒谎和耍赖的行为也渐渐减少。

当家长在内心焦虑的作用下对孩子发出禁止时，反而会促使事件向反方向发展。很多家长总认为发出禁止一定能起到作用，即使一次次无效，他们也只会质疑“这孩子是怎么回事呀”，却没有意识到问题正出在这种粗暴的教育方式上。

孩子生性单纯率真、有着强烈的好奇心，当家长一再用限制性话语来控制孩子的时候，很可能会更加激起孩子的好奇心，让他们不顾后果，就是想尝试违背家长的感觉，觉得越是被禁止的事情越是有趣，因此产生了错误的观念及错误的行为目的。

爸爸新买了一个价格昂贵的手机，拿回家后就严肃地告诉家里两岁多的小宝宝不要碰新手机。谁知，小宝宝听完后，放下手里的玩具，目不转睛地看着爸爸玩新手机。趁着爸爸不注意，小宝宝捧着手机，胡乱地摸着屏幕，随后又放到嘴里啃起来。等爸爸回来见到这一幕，皱着眉头喊道：“给我放下，不许扔！”话音刚落，小宝宝却突然松手，手机掉在地面，屏幕被摔出了裂痕。爸爸很是心疼，小宝宝却笑得很开心。

孩子和家长“唱反调”的行为背后，是心中自我认知意识正在萌芽。调皮捣蛋是为了引起家长的关注，这让孩子产生归属感和价值感；不听从管教是为了获得和家长一样发号施令的权利；受到否认便大喊大叫，并伺机“报复”家长，想让他们也感受到同样的伤害；或者失落、沮丧，选择放弃反抗，打心眼里认为自己不够格。

如果家长一味禁止，却不去了解孩子行为背后的心理动机，也不去向孩子诉说自己的心意，只会得到孩子叛逆的表现。家长要做的不是禁止，而是科学地引导，具体方法可参考以下意见：

1.和孩子一起提前制定“规则”。

孩子沉迷电视、电脑、手机或其他电子产品，长久以来都是困扰家长们的难题。家长想要让孩子少看电视，不玩手机，不妨提前帮孩子甄选节目，定好时间。两岁多的宝宝每次最多只能看10分钟的动画片。等孩子渐渐长大，可陪孩子一起观看趣味纪录片、动画电影，适当延长观看时间。孩子有了选择权，就会考虑什么时间看，看哪个节目，看多久的问题。

2.反其道而行之，鼓励孩子尝试。

在确保安全的前提下，孩子想做什么就放手让他去做，当他亲身体验了“苦果”，自然会将家长的话听进心里。如果孩子做的是碰触电门等不安全行为，当然要第一时间制止，事后搜集相关文字、影视化资料和孩子一起观看，让孩子深刻地了解后果。

3.用禁止把希望孩子进行的活动变成福利。

爸爸为乐乐订购了一套儿童英语的教育课程。他的本意是为了激发乐乐学英语的兴趣。奇怪的是，爸爸规定乐乐每天学习英语的时间有限，禁止乐乐超过设定时间，并告诉乐乐：“这是完成大人要求后才能得到的福利。”之后，乐乐每天都想方设法得到这个福利，学习兴趣越发高涨。

对于一个好奇心强的孩子而言，适当地采用“禁止法”去引导孩子反倒不失为一种好方法。

在日常生活中，家长经常用“不准”“不行”这样的禁止词去打击孩子，反而是在“培育”孩子的叛逆心理。不妨换一种方式，用更多的激励来给孩子自信的力量，帮助孩子改掉坏毛病，塑造完美人格。

有安全感的孩子，一生都幸福

孩子在家活泼开朗，出门却脆弱黏人；孩子对某些声音表现得极其害怕，如打雷、吸尘器的噪音；孩子一定需要大人陪伴，不愿意一个人待着……当孩子出现这种种表现时，家长一定要特别重视孩子的安全感培养。

幼儿园门口站着一个小男孩，抱着妈妈的大腿哭得撕心裂肺。

旁边家长评论道："这个小男孩太娇气了，都开学快一个月了，他怎么还没适应？"

这时小男孩的妈妈有些羞愧，孩子的哭声搅得她越来越不耐烦。于是妈妈将小男孩的胳膊甩开："哭什么哭，再哭妈妈就不来接你放学了！"

结果小男孩哭得更凶了。

面对小男孩的哭闹，妈妈束手无措，只能言语威胁。但是，在小男孩看来，妈妈似乎真的想抛弃他。于是，每一次去幼儿园，都意味着一次被抛弃的经历。

可见，家长不经意间的言语暴力，是对孩子安全感的一种剥夺。生活中的大部分家长都没有认识到这一点。

安全感是一种对可能伤害到自己身体和心理的风险预感。孩子童年时期是否拥有足够的安全感，关乎着他这一生的幸福潜意识趋向，同时也影响到孩子今后人格的形成与完善。正如著名心理学家马斯洛所言："安全感是决定心理健康的最重要的因素，可以被看作是心理健康的同义词。”有安全感的人，更容易被人喜欢、接受，也更容易在群体里找到归属。

安全感不足体现在这三个方面：社交恐惧、严重缺乏自信心、信任缺失。没安全感的孩子要么异常黏人，要么独断专行；要么逃避怯懦，要么胆大妄为。这样的孩子面对不同的意见总是表现得执拗、叛逆，轻易无法接受失败。

安全感是生命的底色，深深影响着每个人的生活状态。安全感满满的孩子，习惯于用平等的姿态跟家长对话，能更自在地表达情绪，成长为自信快乐的人。他们认真专注地经营着人生，不会把精力和时间浪费在寻求安全感上。他们内心坚信：“我是被爱的，我的存在有着独一无二的价值，我不畏惧困难，因为我相信自己的判断。我可以做我自己！”

既然安全感如此重要，家长要如何做，才能培养孩子的安全感呢？对于不同阶段的孩子培养安全感，家长可以参考以下意见：

0~12个月：创造井然有序的生活节奏。

对于这一阶段的宝宝而言，最重要的人是母亲。母亲最好经常抱着宝宝，轻柔地和孩子说话，这会给孩子带来莫大的安全感。同时，确保生活节奏井然有序，人际关系温馨和谐。

1~3岁：满足孩子的自主权。

这个年龄段的孩子总是怀着强烈的好奇心，试图探索外界。家长要给予足够的耐心和陪伴，不要动辄呵斥、责备。为了培养孩子的自信，家长应尽量满足孩子的需求，尊重其选择。

3~6岁：以倾听为主。

这个年龄段的孩子大多上了幼儿园。孩子接触到了外面的世界，开始希望家长能在自己遭遇困难时无条件地站在自己身边。同时，他们渴望拥有更多的个人空间和时间。家长该做的是观察孩子的变化，倾听孩子的心声，随时送上鼓励。

6~10岁：建立共情。

对于这一阶段的孩子而言，家长不再是唯一的镜子和方向标。孩子必须在人际关系中找准自己的位置，家长的过分保护或放手，都会让孩子对社会生活产生畏惧感。家长应该关注孩子的情绪，与孩子建立共情，而不是忽视和打击。

10~13岁：分配给孩子一些家庭工作。

这一阶段的孩子进入青春期，他们对家长的批评保持警惕之心，又迫切地想践行自己的自主性。家长可将一些家庭工作交给孩子来执行，培养孩子的责任心。因为在这一阶段，孩子的安全感与自立自强品质的塑造息息相关。

对于孩子而言，安全感是身体、情绪、认知发展的基础，家长给予孩子足够的安全感，它会变成孩子一生幸福的宝藏。家长要为孩子创造健康的成长环境，尽可能地多给孩子高质量的陪伴，更要学会欣赏孩子，成为孩子最信任的朋友。

不要嘲笑孩子的“小问题”

“妈妈，为什么小鸟会飞？为什么人要吃饭？”孩子在某一时期特别喜欢问一些听起来幼稚但却难以回答的问题。这其实是孩子认识世界、表达情感的开始，也是孩子与家长沟通的重要桥梁。家长如果对孩子的问题报以轻视或嘲笑的态度，会使孩子丧失发问的意愿。

婉婉的阿姨刚刚生了一个小宝宝，亲朋好友前去探望时，都不断称赞道：“太可爱了！小家伙长得真俊。”见大家都把注意力集中在婴儿身上，婉婉有点不开心。

婉婉问道：“妈妈，如果婉婉变小了，是不是会重新变回婴儿？”妈妈想了想说：“每个人刚出生的时候都是婴儿。慢慢地，婴儿长大了，就变成大人了。”婉婉有点失落：“真没意思。”

妈妈却笑着说：“婉婉虽然是个大孩子，却能够享受到婴儿无法想象的乐趣。你想想，婴儿能和小伙伴一起玩老鹰抓小鸡吗？能去商场买冰激凌和玩具吗？这是不是也很棒呢？”

“对啊！”婉婉高兴地点点头。

婉婉问出稀奇古怪的问题，是希望受到同等的待遇。婉婉妈妈对婉婉的感受体察得细致入微，所以在回答孩子问题的时候更具针对性。

然而，大多数家长很难注意到孩子提问的意图。有的家长在回答孩子问题时敷衍了事，或单纯地将与孩子对话看成是一件幼稚的事情；有的家长会因为孩子问到了所谓“有伤大雅”的问题而面露不悦，出言制止……在这样的环境中，孩子容易变得越来越沉默，渐渐失去提问的兴趣。

漠视、回避孩子的问题会使孩子的情绪不安定，更会对孩子的智力发育造成损伤。因为处于发问期的幼儿是智力发展的关键时期，亲子之间沟通不畅，会给孩子的个性蒙上阴影。

重视孩子的小问题，积极引导孩子思考，能培养孩子的逻辑思维。家长要真诚地表露出对孩子想法的赞许，把握住语言这项人与人之间沟通最重要的工具。这能提高孩子的创造性、激发其好奇心，也能够进一步打造融洽的亲子关系。

如果家长的回答无法让孩子信服，不妨认真地告诉孩子：“我马上去查一查相关资料。”家长的郑重其事能提升孩子的信心，孩子受到激励，越发觉得自己提出的问题十分有价值。

面对孩子的问题，最恰当的回答秘诀，是综合之后再做说明。家长可以借机向孩子科普常识，加强孩子对世界的认识。

优优目不转睛地看着电视，突然问妈妈：“主持人一会儿说万物复苏的春天，一会儿说绿色的春天，一会儿说鲜花绽放的春天……到底哪一个才是真正的春天呢？”

妈妈笑着说：“春天不像夏天酷热，也不像冬天寒冷，因为气候温暖舒适，所以万物复苏、百花绽放、一片新绿。其实呀，这些都是春天的特色。”

优优若有所思，妈妈想了想，又说：“一年分为四季，春、夏、秋、冬。春天时阳光明媚，咱们穿薄衫，暖和；夏天时天气炎热，所以大家都喜欢吃冷饮；秋天时好多水果、粮食都成熟了，但树上却飘下了落叶；到了冬天，大风刮起来了，到处都在下雪、结冰。冬天过去之后，春天又来了。于是新的一年开始了。”

听完妈妈的解释，优优感叹着大自然的神奇，对研究四季的不同特色更感兴趣了，还让妈妈帮她找一些关于季节知识的书来看。

关注孩子的“小问题”，能够激发孩子的求知欲、提高孩子对周围环境的观察力、培养孩子的专注力和想象力。那么家长在回答孩子的问题时有哪些需要注意的地方呢？

1.回应要及时。

孩子情绪转变短暂而强烈，这是孩子的特性。当家长回答：“等一会儿再说”时，孩子却早已忘了之前的问题。如果这种情况经常发生，孩子会认为自己的问题在家长心里没有价值，产生“问也白问，反正得不到答案”的消极印象。孩子慢慢地不再愿意表达自己的想法和感受，时间长了，就会对身边的事物变得麻木。

2.为了让孩子理解，不妨采取拟人化回答。

孩子受年龄限制，一些科学问题的答案对他来说还很难理解。家长若直接说：“你太小了，跟你说了你也听不懂。”孩子难免会受到打击。

这时候，不妨采取拟人化的暖心回答。举个例子：一个小男孩问妈妈，“为什么月亮老是跟在我后面啊？”妈妈说，“那是因为月亮喜欢你啊”。

3.针对某一类问题，给予对生活有帮助的回答。

当孩子问“什么是绑架？”“为什么有小偷？”这一类问题时，家长的回答既不能让孩子过分担心、产生恐惧，也不能含糊其事。家长应该清晰明白地告诉孩子，为了避免危险必须要注意的一些事情，培养孩子的自我保护意识。

比如说，当孩子问：“汽车是不是很可怕？”不要为了吓唬孩子而列举车祸的种种惨况。可以告诉孩子：“走路要走人行道，记住不要突然跑到马路上……”向孩子科普走路时的注意事项，这种回答才有意义。

孩子的心灵是脆弱的，需要家长的呵护和关爱。小小的他们思维跳脱，总能问出很多稀奇古怪的问题。家长千万不要嘲笑、冷漠地对待孩子，更不能以随意的态度去抹杀孩子旺盛的好奇心。耐心地加以引导，会让孩子更加出众。

第二章

孩子未来的成功，最终拼的是人品教养

懂得尊重他人，才能获得他人的尊重

尊重他人，不仅仅是尊重自己的父母亲朋，更表现在对素不相识的人同样以礼相待。孔子云："不学礼，无以立。""有礼则安，无礼则危，故不学礼则无以立身。"社会才是检验孩子品学的真实课堂，如果孩子对陌生人都彬彬有礼，尊重相待，那他必然是一个有教养的好孩子。

爸爸妈妈带着涛涛坐汽车出游。后排靠窗的一个年轻姑娘拉下遮阳窗帘，闭目休息。涛涛站在座位上，用手拉扯着窗帘，看着窗外不停地喊叫。

后排的姑娘忍不住站起来，对涛涛妈妈说："太阳太晒了，麻烦您提醒下孩子别玩窗帘了，可以吗？而且我太困了，能让孩子保持安静吗？"

涛涛很不服气："汽车又不是你家的，我就想看看窗外的风景，我还想大声唱歌呢！"

"说的对啊，我们家孩子也买了票，凭什么就得让着你啊。"她扭头对姑娘说，"他一个小孩子坐车嫌闷，想看看风景怎么了？你不能将就一下吗？"

姑娘无奈地摇摇头……

涛涛只顾着自己开心，对姑娘的请求丝毫不体谅，可悲的是家长还认为他言之有理，一味维护，让他失去了人生修养中最为重要的品格：尊重。

爱默生说："良好的礼貌是由微小的牺牲组成。"对他人的尊重，有时需要委屈自己。尤其是对素不相识的人也能给予尊重最为不易。

一张名为《穿越百年的鞠躬》的照片，曾感动了无数人。

这是100多年前，在杭州发生的故事：一老一小面对面站着，他们双手作揖，互相行礼。

老者戴着帽子，一身西式装扮，腰弯成90度。他对面的小孩看上去才四五岁的样子，穿着长衫马甲。这位老者是浙江大学医学院附属第三医院前身广济医院的院长，英国医生梅藤更。

据说当时梅医生正在查房，这位小患者彬彬有礼地向梅医生鞠躬，梅医生深受感动，且他深谙中国礼数，便也深深鞠躬回礼。

于是，就有了这张经典的照片。

尊重他人，是人际交往中最基础的礼仪修养，是孩子优质品德培养的前提。有些家长认为孩子不尊重别人的行为，都是来源于社会的不良影响。现代社会信息发达，孩子通过多个途径接触到各种各样的信息，他们的年纪太小，对好坏观念的分辨能力太弱，难以筛选出有用的信息。这些信息实际上对孩子们的行为无法产生太大影响，即使孩子有错误认知，只要家长及时纠正，他们就会意识到错误。

孩子如果不自觉地做出不尊重别人的行为，主要还是因为家长的教育失当。“父母是孩子的第一任老师”，家长在生活中可能不够尊重别人，导致孩子对家长的行为进行了模仿。比如不尊重长辈、以嘲笑别人的缺陷为乐等等，就容易让孩子以为这种行为都是没问题的、尊重并不是必要的。

如果家长给予孩子太多的自由，完全不对他们的行为加以限制。这样的教育态度，就会让孩子的性格出现“霸道”的一面，不顾及他人的感受，做事只想到要满足自己。还有些家长过度保护孩子，甚至告诉孩子“幼儿园里老师对你不好就告诉我，我去找他”，间接导致孩子连老师都不尊重。试想，一个连老师都不尊重的孩子又怎么会尊重同学，尊重他人呢?

要想让孩子在交往时尊重他人，家长首先应该做到尊重孩子。如果家长对孩子不表现出尊重的态度，一方面孩子会觉得自尊受到践踏，另一方面也会有样学样地去对待别人。

家长在教育中应该引导孩子在以下几个方面学会尊重他人：

1. 态度上尊重他人。

理解他人的难处，用平等的态度对待所有人，能够包容他人的不同等。

2. 行为上尊重他人。

他人讲话、发言时，要注意倾听，不要随意打断或插话；和别人的约定要守时，上课不要迟到；和同学交往时，不要给人起外号，不能以嘲笑别人为乐等等。

3. 尊重他人的劳动成果。

孩子经常出现倒掉剩饭、乱扔瓜皮、纸屑的行为，都是不好的表现。家长应让孩子适当地参与劳动，当他体会到劳动的辛苦时，才会尊重他人的劳动成果。

4. 尊重他人的意愿。

当自己的想法和别人发生冲突的时候，不要强行将自己的想法强加到别人的身上，“己所不欲，勿施于人”，要学会尊重他人的意愿。

每个孩子都有一颗纯净的心灵，如同一片空地，种下什么样的种子就会结出什么样的果实。家长要从小在孩子心中播下爱的种子，心中充满爱的孩子，才会用心去体谅别人，尊重别人。

教孩子善良是父母最大的远见

亚马逊创始人贝佐斯说："聪明是一种天赋，而善良是一种选择。天赋得来很容易——毕竟它们与生俱来，而选择则颇为不易。如果一不小心，你可能被天赋所诱惑，这可能会损害到你做出的选择。善良比聪明难，选择比天赋更重要。"追随心中的热情，坚守善良的选择，才能发挥好我们的能力，塑造精彩人生。家长给予孩子一颗善良之心，其实是在让孩子对生活满怀期待并且热爱这个世界的美好。

世界上最珍贵的莫过于脸上自信的微笑和长在心底的善良。一个善良的人，不论走到哪里，都会发出耀眼的光芒。有的家长却对此不以为然，在他们看来，孩子的善良除了挨欺负、受骗，似乎没有什么实际的回报。其实不然，善良是长期的回报。

桃桃有个同学叫豆豆。豆豆因为患有小儿麻痹症，走起路来一瘸一拐。班里有些顽劣的同学都嘲笑豆豆，叫她"小瘸子"，有的甚至跟在后面学她走路。

桃桃对此愤愤不平，放学回家对妈妈说："他们真是太气人了，一边学豆豆走路一边叫她小瘸子，老是阻止我跟豆豆玩儿，要我加入他们的小团体，我才不愿意呢！豆豆胆子挺小的，现在被他们嘲笑、欺负，心里肯定更难受，我不可能不理她！"

妈妈对桃桃的做法大加赞赏。后来，桃桃和豆豆成了最亲密的朋友。

有一次，一些同学聚在一起商量着怎么捉弄豆豆，被桃桃听到后，她站起来大声说：“谁要是欺负豆豆，就是跟我过不去，你们若是不服气，就冲我来！”说着，桃桃勇敢地举起了自己的拳头。那些同学看到桃桃愤怒的表情，就都跑开了。

其他同学都很佩服桃桃的善良和勇气。大家都开始向桃桃学习，保护豆豆。渐渐地，班上嘲笑豆豆的同学越来越少，同学之间变得非常的团结、有爱。

善良的孩子会站在对方的立场上思考问题，从而做出善良的举动。古人说：“德不孤，必有邻”，善良的孩子容易受到伙伴的拥戴，这能给他们带来幸福感和安全感。一个善良又具有行动力的孩子有更大的机会创下成功的事业。

孩子生来纯真，他们最终会长成什么样子完全取决于成长环境和所受的教育。随着一些负面的社会新闻出现，家长对孩子的成长产生了恐慌，“送孕妇回家却被杀”“扶了摔倒老人被讹诈”……很多家长感叹做个老实人太亏，担心孩子太善良会被欺骗、被伤害。于是他们开始教育孩子善良是没有用的。

但是，真的有必要这么做吗？卡耐基说：“人格成熟的重要标志——宽容、忍让、和善。”一个人做的善事、发的善心，不会立刻见效，但实际上，已然惠泽了他人。这种惠泽，反过来又惠泽了自己，成全了自己甚至是自己的家人。但行好事，莫问前程。行善意之举的人，看似笨拙地付出了时间和精力，但其实是一种远见。

妈妈带晗晗去餐厅吃饭，赶上饭点，餐厅的顾客很多。服务员在旁边给所有人加水，晗晗不仅没有对服务员表示感谢，反而一脸不耐烦地说：“你能快点吗？都快渴死了！”态度很是恶劣。

妈妈陷入了深深的思考：晗晗怎么变成这样？是什么使得晗晗越来越不懂得体谅他人，失去了内心深处的善良呢？

几番思索之下，妈妈发现，自己有时对服务员也不是很客气，于是晗晗也学会了这个坏毛病。

后来，妈妈再和晗晗一起到餐厅吃饭时，便对晗晗说："服务员付出了劳动，我们应该表示感谢。妈妈以前做出了不好的示范，以后妈妈和你一起改掉这个坏毛病好吗？"

从此以后，妈妈以身作则，对他人的态度变得温和礼貌起来。耳濡目染之下，晗晗的性格也变得越发善良，更加能够体谅他人。不仅亲子关系更加和谐，在学校也受到老师和同学们的喜爱。

家长是孩子的第一任老师，一言一行、一字一句都会影响到孩子的人生观和价值观。想让孩子成为善良的人，家长应以身作则，待人友善，给孩子树立一个好榜样，这样才能在孩子心里埋下善良的种子。

善良是孩子一生中最重要的财富，童年是孩子人格形成的重要时期。那么，家长如何抓住孩子的童年时期来教会孩子善良，最大限度地对孩子今后的人生产生影响呢?

1. 告诉孩子：在有能力的时候帮助别人。

家长要让孩子懂得帮助别人的前提是先保护好自己，在自己有能力的时候去帮助别人。如果孩子不会游泳，就告诉他不要奋不顾身地跳下去救人。因为这种盲目的善良是对自己及家人的一种伤害。

2. 对孩子善良的举动给予肯定和赞赏。

孩子内心脆弱，当他自己做出善意的举动而没有得到家长的肯定时，他会对自己所做的事产生怀疑，之后可能会在善良的行为面前犹豫不决。这时，家长要帮助孩子重燃信心，帮助孩子坚信自己内心的想法是正确的。

3. 培养孩子的爱心。

家长可以让孩子自己照顾一些小动物或者亲手种一些花花草草，让孩子在这一过程中体会细腻的感情，培养孩子善良的性格。

正所谓"善为至宝，一生用之不尽；心作良田，百世耕之有余。"善良是人一生中最亮的底色。其实孩子生来善良，家长要通过恰当的方式将潜藏在孩子内心深处的优良品质发扬出来。日常生活中，家长要多为孩子做榜样，对孩子善良的品行及时给予赞美和嘉奖，让他们以施与为乐，以行善为乐。

学会宽容，让孩子站在对方的角度想问题

“有时宽容引起的道德震动比惩罚更强烈。”以宽容之心对待身边的人，会让人感受到“化干戈为玉帛”的喜悦和如沐春风的温暖。遗憾的是，现在的孩子大都缺少友善的意识，很少有宽容之心，不懂得谅解他人的过失。懂得宽容，孩子才能提高自己的社交能力、拥有健全的人格。

放学后，冰冰和图图一起回家。

路上，冰冰发现树底下有一个漂亮的布娃娃，她直接伸手将布娃娃捡起来，拿给图图看。

谁知道，图图不但没有夸奖这个布娃娃好看，反而一把抢过布娃娃，扔进了垃圾桶。

冰冰大声哭喊起来：“你干吗丢掉我的布娃娃！我再也不理你了。”说完，她不听图图开口说话便跑回家了。

回家后，冰冰将这件事情告诉了妈妈。妈妈听完后没有和冰冰一块儿埋怨图图，而是轻声劝冰冰：“图图跟你一直是好朋友，他从来没有做过伤害你的事情。可能图图是想开个玩笑，这件事情你应该听听图图的解释，如果图图做的有道理，我们为什么不谅解他呢……”

后来，冰冰见了图图还是冷着脸，没有和图图打招呼。图图满脸歉意地对冰冰说：“昨天我不是要抢你的娃娃，是因为那个娃娃在地上蹭脏了，不卫生。我当时

太着急，就先把它扔掉了……”听完图图的解释，冰冰也不生气了，原谅了图图。

于是，他们两个重归于好，又快快乐乐地一起玩耍。

图图扔布娃娃的行为是为了冰冰好，只是因为年纪太小，一时着急，处理问题不妥当，让冰冰产生了误会。如果两个人因为这件事情产生了矛盾，又得不到化解，冰冰就会因此失去童年最好的朋友，这件事情也会成为两个人记忆中永远的遗憾。

宽容别人，也就是宽容自己。“世界上没有不长草的花园”，告诉孩子，每个人都有一些缺点，也会犯一些小错误，但是我们要对别人多一些理解和宽容。没有必要抓着别人的过失不放，而应尽量去宽容他人。以微笑待人，别人也会回以微笑。孩子学会了宽容，才能创造出友善的人际关系。

有人说：“宽容者让别人愉悦，自己也快乐；刻薄者让别人痛苦，自己也难受。”如果一个孩子的眼中只看到别人的错误，不肯选择谅解，就容易陷入斤斤计较的漩涡中。从小以体谅、宽容之心待人的孩子，必然会虚心接纳他人的意见，尊重他人，与身边的人和睦相处。这样的孩子是最受众人欢迎的，他们举手投足间都展现着非凡的魅力。

中午放学时，一位年轻的实习老师粗心地将菁菁一个人锁在了游戏室里。一个多小时后，菁菁被幼儿园的其他老师发现并解救出来。

妈妈闻讯赶来，菁菁惊惧无比，缩在妈妈的怀里痛哭不已。实习老师接到电话后，惊慌地赶回游戏室，她双颊涨得通红，内疚地低下了头。

现场鸦雀无声，所有人都在等待着菁菁妈妈的斥责与埋怨。毕竟，是老师的疏忽导致菁菁遭受了不应有的惊吓。然而，菁菁妈妈却拍拍孩子的背说：“乖，你看，老师都快被你吓哭了，去亲亲老师，告诉她没事了。”菁菁亲了亲呆立在一旁的实习老师，拉起老师的手。

瞬间，周围的人们感到一阵暖意。

在菁菁的亲吻中，实习老师得到了宽容。菁菁妈妈的教育方式也让周围人感受到了温暖。懂得宽容别人的妈妈，她的孩子也必然拥有一颗宽容的心。若是菁菁妈妈睚眦必报，得理不饶人，那么菁菁也难以明白宽容的道理。只有家长做好表率，宽容的种子才能在孩子的心里生根发芽。

这就要求家长注重自身言行，当好孩子的榜样。想要让孩子拥有宽容的心态，请做好以下几点：

1. 做好榜样。

平日里，与人为善，宽容对待身边的人和事，不要把戾气传给孩子。

2. 冷静理智。

当孩子与他人发生矛盾时，不要强势地为孩子出头。保持冷静，理智地调查事情的真相。

3. 把握尺度。

对待他人不要太过计较，凡事要把握好尺度，要让孩子知道宽容是站在大局立场上，对是非的一种宏观处理态度，但它绝不是对坏人坏事的妥协。

4. 接纳理解别人。

无论是大人还是孩子，遇到任何问题，要学会换位思考，体谅他人的苦衷，接纳“不完美”。

5. 心态平和。

在孩子建立社交的过程中，家长要注意引导孩子对比自己“强”或者“差”的同伴及竞争对手保持平和的心态，让孩子不嫉妒、不嘲弄。

家长要让孩子明白，善待他人，也就是善待自己。宽容不光是一种品质，更是一种智慧、一种力量。只有拥有了宽容，才能有宽广的胸襟和良好的人际关系。如果家长想让孩子拥有快乐的人生，请让孩子学会宽容。

诚实，是孩子的做人底线

鲁迅说，“伟大人格的素质，重要的是一个诚字。”诚实是一个孩子与生俱来的品性，在孩子的成长过程中，家长应与孩子坦诚相待，以此来保持孩子的天真无邪，同时要注意引导，让孩子的诚实自然而然地流露。

有一天，爸爸带着小男孩去姑妈家做客。小男孩见到表兄弟、表姐妹开心极了，大家嬉闹着玩起捉迷藏的游戏。小男孩在房间里跑来跑去，不小心撞到一张桌子，桌子上的花瓶跌落在地。孩子们正玩得起劲，谁也没有注意到。姑妈听见声音，走进房间，看见花瓶碎了，问：“这是谁打碎的花瓶？”大家都摇摇头，说：“不是我！”小男孩低下头来，没有说话。姑妈笑着说：“那一定是花瓶自己跳下桌子的。”大家都笑起来，小男孩却觉得很愧疚。

回到家里，小男孩闷闷不乐，躺在床上不说话。妈妈感到好奇，问他发生了什么事。他把这件事和盘托出。妈妈劝他写信给姑妈，承认自己的错误。

过了几天，邮递员送来姑妈的回信。姑妈在信上说：“你做错了事能自己认错，是个诚实的孩子。”这个小男孩就是列宁。

一个诚实的人，做错了事会自责、放不下，因为他难以违背自己的良知。家庭教育中家长要注重对孩子诚实品质的培养，为人诚实会使孩子结交到更多的朋友，得到更多的帮助和关怀，更受别人的欢迎、尊重和信任。这对孩子的身心健康发展起到了重要作用。

有些家长不采取正面的教育方法去解决孩子成长过程中出现的缺点和错误，却乱用打骂等惩罚手段。这种教育方式并不能让孩子领会到自己错在哪里，为什么错。很多孩子反而吸取反面教训，为了掩盖自己的缺点和错误反复撒谎。孩子的诚实品质要从小培养，一旦他们形成了诚实的品质后，就不会再弄虚作假，以撒谎来掩盖错误。

孩子撒谎有一定的原因，家长在处理这类问题时千万不要过激应对。大多数孩子说谎是为了逃避家长和老师的责备和处罚，例如，考试成绩未达到预期目标或者是调皮捣蛋做错了事。

妈妈给甜甜买了一个价值上千元的学习机作为生日礼物，并一再嘱咐孩子不要弄丢。甜甜向妈妈保证，会认真保管。

一个月后，妈妈随口问道："甜甜，最近怎么没见你用过学习机啊？"甜甜慌忙答道："我借给同学了。"妈妈说："那你赶快要回来，这学习机贵着呢。"但是几天过去了，她也没拿回来。在妈妈的追问下，甜甜支支吾吾地说自己其实要回来了，但又转手借给另一个同学了。

妈妈心里有些怀疑，于是，让甜甜两天后必须拿回来。结果，两天后，甜甜又找借口说："要回来了，但是我放学的时候放在教室里忘记带回来了。"妈妈不相信，说："那我明天送你去上学，你把学习机拿出来。"

直到第二天早晨，妈妈真要跟甜甜去学校时，甜甜才哭着说："对不起，妈妈，学习机被我弄丢了，我这些天一直都在说谎。"

甜甜因为弄丢了学习机怕被妈妈责骂，便用说谎来逃避这一切。事实上，孩子的每一种能力都是通过学习和反复练习培养出来的，其中也包括说谎。孩子说谎，家长也要反思，是否给孩子提供了说谎的环境或者机会？孩子犯错时，家长的过激批评和指责都会让孩子高度紧张，为了逃避父母的惩罚不得不拿谎言来应对家长。当孩子某一次因为说谎逃过家长的批评时，他们会产生侥幸心理。于是孩子从一开始的不敢说谎，进入了练习说谎的阶段。

孩子诚实品质的养成和家长的行为息息相关，如果一个孩子得不到家长的信任，总是无故被家长怀疑，这无疑是在把孩子推向谎言的怀抱。家长要注意的是，在孩子第一次犯错的时候，就要让孩子认清自己的错误，让孩子意识到犯错并不可怕，家长惩罚或者生气的原因才是撒谎行为产生的原因。通过日常生活中的暗示引导，孩子会对诚实产生更好的理解，这对于孩子养成诚实的品质十分有效。要知道，给孩子最大的信任就是保护孩子的诚挚之心。

常言道“身教重于言教”，家长的行动对孩子来说是无声的语言，有形的榜样。一位真正重视孩子诚实品质的家长，绝不会轻易哄骗孩子，也不会当着孩子的面对别人撒谎。当孩子感受到家长对诚实这项品质极其重视，并且鼓励孩子做出诚实的行为时，孩子就会对家长敞开心扉，以坦诚无私的态度面对人生。

孩子诚实品格的培养需要家长持之以恒的努力，需要家长保持耐心。不论是在家庭生活中还是在人际交往中，都要给孩子做出正确的引导。面对他人不诚实的言行，家长要态度鲜明地指出，义正词严地批判，让孩子明白弄虚作假的行为是会遭到大家批评的，而诚实的人却会受到大家的欢迎。

以身作则，给孩子树立诚信的榜样

所谓诚信，是一个道德范畴，就是待人处事要真诚讲信用。对孩子来说，诚信就是答应别人的事情一定要做到。古有“曾子杀猪”教导家长要言出必行，立信于人前。家长是孩子的第一任启蒙老师，很多成长的经验是需要言传身教的，不能将教导的责任一味地推给老师。家长对孩子的诚信教育应从幼儿时期开始。

有位单身离异的父亲，曾就亲子问题在某论坛发帖求助网友分析到底是谁的过错。他曾向儿子承诺道：“如果篮球比赛得奖，就买一双乔丹代言的运动鞋作为礼物送给你。”最后，孩子在比赛中表现优异，率领队友夺得冠军。父亲却以家庭困难为由，买了一双假乔丹篮球鞋送给儿子。儿子一气之下，将这双篮球鞋剪坏扔在了父亲面前。

大部分网友纷纷指责父亲，认为他失信于儿子，才引发孩子的举动。父亲辩解道：“孩子已经很大了，难道他不应该在父亲家庭离异、生意失败、经济困难的时候表现得更懂事一点吗？为什么不说是孩子的要求太任性呢？”

很多家长都像这位父亲一样轻易对孩子许诺而不考虑诺言践行的可能性，目的大多是为了让孩子努力取得成绩，于是就开出空头支票。

托马斯·戈登认为：“青春期孩子反叛的不是其父母，而是对抗他们的权力。如果父母从孩子出生起就可以较少地依赖于权力，更多地依赖于非权力的方法来影响孩子，那么孩子在进入青春期的时候就没什么可反叛的。”家长与孩子立下约定的方式，就是一种“非权力的方法”，这种约定方式是建立在双方平等的条件下。如果家长能够言而有信，完美实现曾对孩子许下的每一个承诺，孩子也能够看到一个讲道理的家长，并且有利于亲子间的沟通，孩子便不会轻易做出叛逆的举动。

很多家长认为自己生养孩子，就有权利对孩子进行管教，孩子一切都得听从自己方能显示出威严。其实不然，家长的威严体现在日常生活的一言一行中，只有“言必出，行必果”，才能在孩子面前展现出威严。记住，做不到的事情就不要随便说出口，说出的话就一定要做到。一个诚信的家长，他的孩子也必定是一个讲诚信、有原则的人。

《钱江晚报》曾报道了一则新闻：因为父母不兑现承诺，12岁女孩离家出走。

小燕之前一直随奶奶生活在安徽老家，11岁时才被父母接到浙江上学。爸爸妈妈曾向她承诺：“期末考试全部90分以上，带你去看海。”这句话一下点燃了小燕学习的激情，她整整努力了一个学期，终于达成了目标。当她拿着成绩单，满怀希望地等着爸爸妈妈实现承诺时，父母的一句话却让她分外委屈：“这么冷的天，看什么海啊！”

小燕越想心里越不是滋味，决定离家出走，回老家和奶奶一起生活。她背着背包悄悄溜出门，幸亏在路上遇到好心人，报了警，警察将小燕送回了家。

原来是因为小燕妈妈觉得现在天气冷，海边风大，担心小燕会被冻感冒，才没带孩子去海边。爸爸被小燕的哭闹弄得不耐烦，就骂了她几句，结果引发了出走风波。

最终爸爸妈妈当着警察的面，对小燕说：“等天气暖和些，一定带你去看大海！”

爸爸妈妈一句轻飘飘的承诺，小燕却为此辛苦奋斗了一个学期，最终达成目标。当小燕兴冲冲地找爸爸妈妈兑现承诺时才发现，这么久以来，只有自己将这个承诺当真，就如同被当头淋下了一盆凉水，令小燕失望至极。

可能家长随口说出承诺只是为了让孩子努力奋斗，只要让孩子达成目标就好，不管之后孩子的反应。这样的行为却会极大地让孩子对家长失去信任，让孩子不会再对家长有所期待，甚至会成为孩子童年记忆中永远的伤痕。

子曰：“人而无信，不知其可也。”诚信是做人的根本，拥有诚信的人才会更受大家的尊重。如果家长为了激发孩子的学习欲望便各种哄骗，说完就忘，一张张空头支票就会让孩子失去对他们的信任。家长有诚信，才能在孩子心中树立高大的形象，成为孩子的榜样，让孩子也成为一个看重诚信的人。

诚信是做人的基本原则，家长有必要让孩子知道，无论是在学校里还是在社会上，诚信远比成功更重要，讲诚信才会让人立于不败之地。

家长在教导孩子时，一定要告诉孩子千万别为了出风头、好面子等原因而不假思索地答应别人的请求，在那之前，必须认真考虑下面的问题：

1. 要对别人的请求有所了解。

了解这件事的具体要求是什么，自己是否有能力完成这件事情。一切从实际出发，不要想当然地就做出承诺，要对自己的诺言负责任。

2. 难以抉择的事不要断然拒绝，也不要满口答应。

如果自己对能否完成这件事情没有把握，也没有去做这件事的心理准备，但是他人又特别需要帮助时，可以和对方说：“这件事做起来有些困难，但是我可以试试看能不能帮上你的忙。”

3. 拒绝难以做到的事。

明确知道自己办不到的事情就不要承诺，因为如果承诺无法兑现，反而会招来对方的怨恨、责怪。轻易承诺不仅收获不了友情，最终还会失去真诚的爱和友情。

4. 说话算数。

说出的话再想收回来就难了。家长要教导孩子说到就要做到，哪怕事后发现自己说的话想要实现有些困难，也要努力兑现。

孩子的很多行为都是和家长学的，家长诚信做人，孩子也会诚信做事，给子千金不如教他诚信。

不能遵守时间约定的人是不值得信任的

时间观念对一个人的影响至关重要，有人说，它是人与人之间接触的“第一语言”。家长在亲子教育中也要加强对孩子时间观念的培养，良好的时间观念是个人素养的重要体现。一个守时的人，是一个严格要求自己的人，是真正有教养的人，是绝不会肆意地去浪费别人时间的人。

妈妈接到老师打来的告状电话，说梓璇今天又迟到了，老师生气地说：“这可是梓璇本周第三次迟到了！尽管我再三警告，梓璇依然迟到，这可怎么办呢？”妈妈连连道歉。梓璇放学回家后，妈妈问道：“你怎么又迟到了？”

梓璇小声说：“我不知道时间这么短，最近路边有个新开的书店，我去看了两眼故事书，结果到学校就迟到了。”

孩子由于身心还未发育完全，所以自控能力比较差，做起事情来总是虎头蛇尾、杂乱无章，毫无时间观念。家长应加强引导，别让孩子养成不守时的坏习惯。如果家长听之任之，随着年龄的增长，这种不守时的行为会在孩子的思想里根深蒂固。最后，即使这种不守时的行为伤害到了别人，孩子也难以理解别人郁闷的心情，只觉得理所当然。

刘长江编著的《哈佛家训》一书中有这样一段关于时间的描述：“在所有的资源中，时间不同于其他资源，它没有弹性，找不到替代品，而且时间永远是短缺的。时间既不能停止，也不能保存。如何合理规划自己的时间，将是每一个人35岁以前的必修课。”

时间的重要性不言而喻。家长要在孩子的教育中不断强化时间的概念，让孩子认识到时间的宝贵，从小培养孩子的守时观念，引导孩子做时间的主人。

天逸和小伙伴去游乐场玩，妈妈嘱咐他说：“6点之前必须要回来，不然，我不会再给你另外做饭。”天逸连连答应。

然而，等到天逸回来的时候已经是晚上8点了。爸爸和妈妈正在看电视，天逸悄悄走进厨房，搜罗一通，也没发现任何吃的。妈妈说：“天逸，你错过了吃饭的时间。”天逸不好意思地低下了头，当晚他饿着肚子进入了梦乡。

从此以后，天逸回家再也没有迟到过。

守时，实际上是人与人口头上的一种契约。亲子之间也是，天逸遵守时间回来吃饭是对家长辛苦准备饭菜的尊重。康德在给老朋友的回信中写过这样一句话：“无论是对老朋友，还是对陌生人，守时就是最大的礼貌。”如果孩子不守时，家长却一次次地原谅他们，其实是在对孩子不守时行为进行强化，致使孩子没有机会认识到守时的重要性。

鲁迅说：“时间就是生命，无端地空耗别人的时间，其实是无异于谋财害命的。”一个深谙时间重要性的孩子，在珍惜自己时间的同时，也会珍惜他人的时间。

婧婧一迟到就要妈妈陪她去学校，妈妈帮她想好了借口，她才敢去见老师。后来，妈妈发现随着自己“帮忙”次数越来越多，婧婧反而迟到得越发频繁。妈妈觉得自己是在纵容婧婧，再也不打算“帮忙”了。

有一天，婧婧吃早饭的时候磨磨蹭蹭，又迟到了。她哭闹着想让妈妈陪她去上学。谁知妈妈带着婧婧来到学校见到老师后，坦诚道：“婧婧每次迟到都让我来帮她想借口，我深知我的做法是在纵容孩子，以后我再也不这样做了。请您好好批评她。”

老师果真将婧婧狠狠批评了一顿。婧婧虽然哭得很伤心，但从此以后却再也没有迟到过了。

很多家长的时间观念淡薄，认为孩子年纪小，还在上幼儿园，迟到了也没关系，于是孩子在请家长帮忙找借口做掩护时，很多家长都照做，丝毫没考虑到这会对孩子造成负面影响。家长们在处理类似的事情时一定要意识到，帮孩子找借口，等于纵容他们不守时的坏习惯。家长应该鼓励孩子勇敢地面对迟到的后果，孩子受到了批评，反而会记住教训。

人们时常会以生活中的小事来判断一个人的品质，特别容易根据这种最初印象来判断对方是否能赢得自己的信任和支持。有时间观念的孩子，在今后的学习和生活中都会给老师、领导等身边的人留下良好印象。培养孩子做时间的主人会使他们终身受益，那么家长应该如何培养孩子守时的好习惯呢？

1. 给孩子灌输时间观念，教孩子认识时钟。

家长要教孩子认识时钟，孩子上学之前就为他们准备一个属于自己的时钟。并告诉孩子，时针指到什么位置就要到达幼儿园，否则就算是上学迟到；指到什么位置放学铃声响起，爸妈会接他回家。如生病或有事上不了幼儿园，一定要教孩子打电话给老师请假，家长要跟老师说明情况。

2. 训练孩子固定的起床时间和晚上睡觉时间。

大部分孩子都会赖床，怎么哄都无济于事。这时家长应多一些耐心，告诉孩子必须在规定的时间内穿好衣服。到晚上不管孩子有没有睡意都要让孩子按时上床休息，孩子若闹腾不休，家长可在床前陪伴入睡。在家长长时间的引导和监督下，让孩子的时间观念得到逐步增强并形成习惯。

3. 家长要以身作则，遵守时间约定。

孩子的模仿能力十分强大。家长给孩子提供不良行为的示范，孩子也会学着家长的行为行事。所以家长要约束自己、以身作则，在潜移默化中让孩子养成守时的好习惯。

有一句话是这样说的:“准时就是帝王的礼貌。”守时是信用的礼节，在孩子的学习和生活中，时间约定一般是在与他人相处时最早立下的约定，会给别人留下的第一印象产生很大影响，也是在日常生活中经常需要履行的约定，没有时间观念的人，会在一次次的约定中浪费他人的时间、损害自己在他人心中的良好形象。

守时是一个人拥有良好的自我管理和约束能力的体现，孩子有良好的时间意识，才能适应现代生活的快节奏，家长对孩子寄予厚望，首先应培养孩子守时的好习惯。

让孩子懂得自我反省，不随便评论别人

孩子总是直白、坦率地表达自己的想法，从不考虑自己的言行是否会对别人造成伤害。家长不能简单地用一句“童言无忌”就将事情一带而过，不能因为孩子年纪小就忽略了对孩子言语得体的要求。一个懂得反省自己缺点、不随意评论他人、笑话他人的孩子能够得到他人的喜爱，这样的孩子有着良好的教养。家长要让孩子学会自我约束，自我反省。

娇娇放学回家后呆呆地坐在沙发上一声不吭。妈妈察觉到了娇娇情绪的异常，故意说：“今天快乐的小白兔怎么不出声呢？是不是有什么心事呀？”

娇娇就拉着妈妈的手，噘着嘴说：“童童被我气哭了。”妈妈便问：“发生什么事了？”从娇娇的描述中妈妈了解到，原来美术课上，老师拿来一个红苹果，教小朋友们学画画。童童画完后，娇娇伸头看了一眼，说：“你画得真丑，像个大屁股！”听到“屁股”这个词，大家哄堂大笑，很多小朋友对老师说童童画了个“屁股”，童童当场气哭了。娇娇被童童的反应吓坏了，所以心情很不好。

妈妈严肃道：“娇娇，你想象一下，如果别人这样说你，你是不是也会很难过？记得明天跟童童道歉哟！以后再也不要这么说别人。”娇娇点点头，陷入了沉思中……

当孩子因为一个小玩笑表现得异常伤心时，家长不必为孩子过强的自尊心感到

吃惊。孩子特殊的心理感受会导致认知差异，让他们在看似普通的事情上出现激动的反应。况且，孩子在三岁之后就逐渐萌生了自尊和骄傲的心理，很小的一句评论都会刺伤他们脆弱的内心。在孩子用过分的言语随意评论别人时，家长应引导孩子去换位思考。

其实孩子随意评价别人是有特定原因的，孩子们都喜欢附和同伴，同时也希望能赢得同伴们的附和，若自己随意的一句话能引起同伴们的哄笑，会从心底生出一种满足感。家长们要让孩子意识到，随意评价别人的这种行为是不礼貌的。

如果家长并不在意孩子的这个缺点，一方面很有可能导致孩子会因为别人的评论而受到伤害；另一方面，也有可能让孩子不自觉地学着去随意评论别人，这就会影响孩子与朋友展开友好的交往，给孩子形成不良的影响。

有一天，瑞瑞放学回家，兴高采烈地说："妈妈，我跟你说一件有趣的事情。我们班有个同学上课的时候尿裤子了，好丢脸，没想到他这么大了还尿裤子，大家都在笑话他，叫他'尿裤子大王'，最后那个同学哭了……"

妈妈面色沉下来，问："你也嘲笑了这名同学？"瑞瑞点点头。妈妈语重心长地说："随意嘲笑别人是很不好的习惯，这个小男孩不小心尿裤子已经很羞愧了，你们说这些话会对他造成很大的心理阴影。如果是你上课来不及上厕所，尿裤子了，结果被全班同学嘲笑，是不是会很难过呢？谁都会犯错，但没有人希望自己犯错的时候受到别人的排挤和嘲笑。"

第二天，妈妈让瑞瑞去跟那个同学道歉，他们因为这件事成了一对好朋友。

瑞瑞在嘲笑同学时并没有恶意，只是单纯地跟随其他同学起哄，并没有考虑到会给被嘲笑的同学带来伤害。孩子有时会因为不分轻重，加之对词语理解得不全面，会用从家长、网络、电视等来源学习到的话语去随意嘲讽别人，听到别人被起外号也会跟着一起叫。虽然是无心之举，但是被随意评价的人却不会这样认为，他们能够从对方的语言中感受到自己不被尊重。

家长在教育中也要约束自己的行为，如果家长有随意评价别人、嘲讽别人的习惯，就很容易让孩子学会用尖刻的话去形容别人，导致孩子出现“说话刻薄”“爱笑话人”的问题。曾子曰：“吾日三省吾身：为人谋而不忠乎？与朋友交而不信乎？传不习乎？”每个人多多少少都有缺点，有的人能够随时反省自己，发现自己存在的不足之后勇敢承认，并努力改正、加以完善，那么他身上的缺点就会变得越来越少，优点则越来越多。在家庭教育中，想要培养孩子自我反省的能力，家长不妨借鉴以下几点：

1.不直接对孩子的错误加以指责。

孩子犯错了家长不要急于发火，要给孩子一定的空间和时间来反省自己，也给自己一个缓和、冷静的机会。家长要保持冷静的态度，从侧面引导孩子进行自我反省，明辨自己的过失。

2.让孩子承担犯错的后果。

许多家长常常替孩子去承担犯错的后果，使孩子觉得做错了也没关系。其实，家长应该让孩子自己去承担责任，让孩子明白，一旦犯错将会造成很多严重的后果。

3.让孩子认识到伤害他人的行为会受人谴责。

家长要让孩子了解到伤害他人的行为是不被人认可的，这种不好的行为所带来的负面道德情绪体验，更能在孩子的心中留下深刻的记忆，促使他不断自我反省。

自我反省能力能够促使孩子更快地成长，在评论他人之前，孩子也会自己反省这种行为会不会给他人带来伤害，孩子掌握了自我反省的能力，就等于掌握了自我完善和健康成长的秘方。

谦虚既是美德，也是教养

有人说："现代社会里强调竞争与自我表现，谦虚已经过时，谦虚就是虚伪的代名词。"这种认知是绝对错误的，"谦虚"和"虚伪"，二者之间有着本质的区别，谦虚是建立在利他主义之上的一种美德，是虚心和谦让相结合的一种行为，而虚伪则是为达到某种自私目的而采取的一种欺骗手段。

家长应让孩子明白"谦虚使人进步，骄傲使人落后"的道理。谦虚的人，头脑更加清醒，能清晰地认识到自己所取得的成就和自身存在的问题。这样的人更加能端正态度，不断学习，取长补短。

乔乔学习成绩很好，在学校里，她处处都表现得非常高傲，不太合群。对于任课老师，乔乔也不太尊敬，她认为靠自己自学，也能够取得好成绩。

但是乔乔很喜欢和爸爸聊天，还经常将自己的周记念给爸爸听。有一天，乔乔又念起了自己的一篇周记。听着听着，爸爸皱起了眉头，原来乔乔在周记中提到自己与数学老师之间发生的争执，数学老师批评乔乔写作业字迹潦草，乔乔却认为老师小题大做。

第二天，乔乔发现自己的书桌上摆着爸爸写给她的纸条："乔乔，你是个懂事的孩子。你该明白，老师批评你，本意是希望你进步。他明知批评你会引起你的反感，却仍然做出这一选择，其实是为你好。女儿，古语云'满招损，谦受益'，爸爸希望你更谦虚一点。"乔乔觉得很羞愧。

从此以后，在爸爸的帮助下，她变得越来越低调、谦虚。

乔乔在爸爸的帮助下，认识到了自己学习态度过于骄傲的缺点，并虚心改正错误，变得能够听取别人意见，不断完善自己。很多家长在教育孩子的时候一味地采取赞赏、表扬的态度。不可否认，表扬在一定程度上能培养孩子的自信心，可是表扬一旦过度，就会起到反作用。

心理学家认为，家长对孩子过度表扬会让孩子养成骄傲自负的性格。尤其是对一些比较优秀的孩子来说，表扬过多往往会助长孩子骄傲自满的心理，也容易让孩子意识不到自己的缺陷，接受不了失败和不完美，在孩子的成长过程中，一旦受到打击，便会形成更加严重的伤害。

莎士比亚曾经说过："一个骄傲的人，结果总是在骄傲里毁灭了自己。"骄傲自大的人会丧失对自己的客观认识，他们总会毁灭在更加强大的人手里。谦虚是孩子成长路上不可缺少的品格之一，它使得孩子永不停歇学习的脚步，不断地改掉缺陷、完善自己，帮助孩子树立好人缘。家长要想培养孩子谦虚的品格，就要先帮孩子克服自负心理。

2018年，16岁的喻言红遍网络。她在一档名叫《放学别走》的节目上介绍自己的创业项目时声言："当我拿几十万上百万的投资和奖金的时候，很多成年人还在打着王者荣耀，拿着基本工资，过着十年如一日的生活。"

谁知，她的发言竟然引起网友的炮轰。一名网友说："00后成为公司CEO，创业想法能够多次获奖，本应该受到赞赏。但她太骄傲张扬了。你成功了，可以分享自己的成功经验，激励别人进步，这样骄傲地贬损别人就显得毫无教养了。"

让·保·里克特曾经说过："真正的谦虚，为一切美德之母。"骄傲的人都有着自以为是、轻视别人的缺点，甚至会故意取笑别人。一个孩子没有养成谦虚的品质，那么，他在未来的道路上注定不能走得太远，因为骄傲自大会是他们人生路上最大的绊脚石。

谦虚的人总认为还有很多东西要去学习，好多人身上的优点都值得自己去吸取，于是他们也就习惯于虚心求教，不断前进。而且谦虚的人在处理人际关系时，会更多地考虑他人的自尊心，照顾到别人的感情，这让他们更受大家的欢迎。

家长在培养孩子的谦虚品格时，要把握适度原则。当孩子完成一件事的时候，家长应该就事论事，适度表扬，不要过分夸大孩子的成就，也不要故意去打击孩子的不足。听到别人表扬孩子时要把握分寸，做到“两不”原则：不顺势也表扬起自己的孩子，不过度谦虚贬低自己的孩子。

例如，当别人说，“听说你的小孩在演讲比赛中得了奖，太厉害了！”有的家长会顺口回应说：“这没什么了不起！我家孩子要是能像你女儿一样念书厉害就好了！”家长不要认为孩子是自己的，想怎么说就怎么说，或许自己孩子真的有不足，但随随便便在外人面前否定孩子，这无疑会挫伤孩子的自尊心。孩子心理渐渐成熟，他们迫切地希望得到来自成年人的理解和尊重，过度谦虚会打消孩子的积极性。

所谓君子品行，谦谦之风。谦虚的人懂得说话留有余地，做事脚踏实地。让孩子学会谦虚，他才能明白“人外有人，天外有天”的道理，才能赢得他人的欢迎和信赖。

同情心：言传身教的同时给孩子创设爱心氛围

诗人萨迪说：“你不同情那跌倒的人的痛苦，在你遇难时也将没有朋友帮助。”同情心是一个人最基本的道德情感，在人际交往中必不可少。家长都知道培养孩子同情心的重要性，孩子如果缺乏同情心就不能真正感受他人的真正需要。同情心是孩子与生俱来的特质，需要家长的小心呵护和培养。

慧慧养了两只可爱的小鸡，每天都悉心地照顾它们。

有一天，一只小鸡遛出了院子，到邻居家的草地上觅食，被邻居家养的大狗咬伤了翅膀。邻居及时发现，制止了大狗伤害小鸡，把小鸡送回慧慧家，并向慧慧赔礼道歉。看着小鸡翅膀流着血，慧慧着急地哭了起来。爸爸闻声赶来，急忙安慰慧慧，并带着慧慧帮小鸡清理伤口。

“小鸡受的伤不重，已经不流血了，伤口过几天就会好的。”爸爸安慰慧慧。

慧慧哭着说：“那只狗好坏，爸爸，你帮我去打它好不好？”

爸爸听了，抱着慧慧，轻声劝道：“你养的小鸡受伤了，你很难过，对不对？”慧慧点点头。爸爸接着说：“邻居养的狗如果受伤了，邻居是不是也会难过呢？而且，大狗有捕食小动物的天性，他可能以为偷偷跑出去的小鸡是他的猎物，才会伤害小鸡的。邻居刚才都已经跟我们道歉了，我们就原谅他们吧。”

慧慧听完后想了想，说：“那我们就不打大狗了，它受伤了也会很疼的。”

家长的言行举止对孩子的影响是最大的，怀着怜爱之心，温柔地对待他人，这种富有同情心的行为也在潜移默化地影响着孩子，悄悄在孩子心里埋下一颗善良的种子。

家长对周围人表现出真挚的同情，积极帮助身边有困难的人，可以让孩子受到感染，让孩子在家长身上学会善良。另外，父亲对家庭的态度，同样会影响到孩子的一生。如果父亲将家庭放在第一位，尊重母亲、关爱母亲，孩子也会对家人温和友爱，对外人也会谦让有礼。

妈妈在茉茉很小的时候，就有意识地培养她的同情心。

有一次，母女二人去公园散步。一个小女孩在她们身边摔倒了，妈妈对茉茉说："你看那个小朋友摔倒了，你每次摔倒的时候总是疼得大哭。那个小朋友的膝盖一定也很痛，咱们赶紧把她扶起来！"

在妈妈的引导下，茉茉跑过去搀扶起摔倒的小朋友。妈妈又说："小妹妹哭得好伤心，快拿出你的纸巾，帮她擦擦眼泪好不好？"茉茉点点头，耐心劝慰着身旁的小朋友……

在妈妈的教导下，茉茉的同情心就在不知不觉中被培养起来了，也学会了善意待人。培养同情心是情感教育的重要组成部分，是构成孩子优异品德的重要一步，有益于孩子人格的健康发展，为孩子建立良好的人际关系打下基础。

生活中富有同情心的孩子一般性情温和，质朴纯良，讨人喜欢；缺乏同情心的孩子却性格阴暗、怪异，不肯与人亲近，容易走极端，人际关系频频出现危机。

西班牙儿童教育家埃斯特维·普约尔·庞斯提醒道：我们在培育孩子同情心的时候，注意别走入误区。例如：同情心与感情脆弱截然不同。同情心并不仅限于感受，单纯为了电视中的悲惨一幕而痛哭，对身边种种不公平事却漠不关心，这样的孩子骨子里缺少共情。只是将"太可怜了"挂在嘴边并不是同情心，只有试着去帮助身处逆境的人，亲自付出行动才是同情心。

培养孩子同情心的具体途径，可参考以下建议：

1. 为孩子示范表达同情心的正确方式。

心理学教授黛博拉·贝斯特认为:“透过观察父母与其他人互动的方式，是孩子发展同情心最有效的方法之一。”家长要用行动向孩子示范如何对他人表达关心与怜悯。比如，询问伴侣今天过得如何，帮助老人做一些力所能及的小事。在家长的影响下，孩子会尝试用同样的方式来帮助身边的人。

2. 从教育内容入手，培养孩子的同情心。

家长可带着目的，经常给幼儿讲善意助人的社会新闻，或让孩子阅读一些具有情感性的童话故事，如《海的女儿》《卖火柴的小女孩》等。

3. 支持孩子的“献爱心”活动。

用图书影像资料或者亲身探访等方式让孩子了解边远山区贫困人口的生活环境，鼓励孩子适当捐出自己的压岁钱、零花钱去帮助别人。或让孩子参与为灾区捐款捐物的活动。

4. 让孩子领养一只小动物。

孩子的善良本性体现在他们对待弱小动物的态度上。在条件允许的情况下，家长不妨带孩子去当地救助站，领养一只小动物。在孩子养育动物的过程中，发掘他们的同情心。

同情心是孩子品德培养的基础内容，家长要善于挖掘、保护孩子的同情心，更要努力提高自身的修养，积极为孩子树立优良榜样。

第三章

完善的性格，是父母一点点给的

挫折教育提升孩子抗压能力

很多孩子长大后性格脆弱，容易收获“玻璃心”“没出息”等评价，往往是因为他们在成长过程中缺乏一定的挫折教育，抵御负面情绪的能力堪称为零。挫折教育是指在孩子的教育过程中，用挫折来激发孩子的潜能。当孩子遇到困难的时候，适当地让他们自己解决，这也是对孩子意志力的磨炼。

乐嘉曾带着4岁的女儿徒步穿越张掖的沙漠，他们整整走了4天。出发之前，乐嘉和女儿约法两章道：“不可以无理哭闹，哭要有哭的理由，不哭的孩子最美；无论发生什么事，绝对不可以让大人抱，要靠自己的力量每天走完全程。”

那4天里，他们顶着烈日，抵御着风沙大雨，艰难前行。乐嘉发现女儿大腿上长了疹子，小脚丫也被磨出了水泡。他虽然心疼，却还是鼓励女儿勇敢地走下去。

女儿累得直哭，看向乐嘉的眼神里充满了委屈。每逢女儿哭闹的时候，乐嘉就带着她休息一会儿，讲一个小故事哄哄她。就这样，他们成功地穿越了长达76千米的沙漠。

挫折教育的目的是培养孩子自强独立的勇气和忍耐痛苦的能力。很多家长虽然认同挫折教育的重要性，却总认为这是以后的事情，现在实行还为时过早。

他们没有意识到自己的孩子其实正处于身心发展的敏感期，正面的引导能让孩子安然度过生理、心理的巨变，走向成熟，变得强大起来；不管不顾或者干脆做出负面榜样的家长，则会给孩子的成长造成负面影响。

依据儿童心理学家的研究可知：0到6岁的儿童心理总呈现出阶段性的连续变化，家长若能抓住这一过程，针对性地实行挫折教育，那么对孩子的教育就能起到事半功倍的效果。

对于一岁之前的孩子来说，家长的照顾、关爱能给他们带来安全感。家长在细心看护孩子的同时，不要过分干涉孩子对于外部世界的探索。这是在为之后的挫折教育做铺垫。

对于1~3岁的孩子来说，由于"自我意识"的种子正在发芽，孩子的行为也变得相对独立起来。家长要对这一时期的孩子给予足够的关注，一定要赞美、鼓励。

3~6岁之间的孩子对游戏最感兴趣。家长不妨利用游戏来教育孩子成长。比如说，当孩子遇到挫折的时候，家长完全可以设置一个有趣的游戏，让孩子从游戏中懂得勇敢面对挫折的好处和意义。

除此之外，家长还可以这样做：

1.孩子因挫折而灰心丧气时，家长首先要过滤负面情绪，冷静下来。

有的家长会因为孩子一次糟糕的考试成绩而勃然大怒，对孩子劈头盖脸一顿骂。殊不知孩子会因此对失败产生心理阴影。记住，再失望也不要将情绪发泄在孩子身上。要告诉孩子，及时和家长沟通，缩小挫折的影响力，鼓励孩子再接再厉，并带着孩子一起分析失败的原因。

2.为了提高孩子抗挫折的能力，家长最好能为他们创造一个自由开放的成长环境。

鼓励孩子多与小伙伴们接触，让友好的相处与合作贯穿他们的童年生活。同时，家长也可以利用一些特殊的生活场景，将其包装成孩子们前行道路上的"路障"，鼓励孩子开动脑筋，主动解决问题。

3.家长不要越俎代庖。

明智的做法是：站在孩子身后，做他们坚强后盾的同时鼓励他们勇敢前行。一旦有了足够的历练，家长就不用担心孩子会在纷繁复杂的人际关系中受伤，或者败在一些微不足道的问题上。只需看着他们目标清晰、脚步稳固地迈向未来即可。

4. 最成功的挫折教育，无疑是在孩子的兴趣上“推一把”。

家长在发现了孩子的天赋和兴趣后，不要因为心疼孩子而放纵他们浪费自己的天赋。给孩子立规矩，用严格的训练成全他们的天赋。热门电影《摔跤吧爸爸》里的父亲是这样做的，乒乓球世界冠军刘国梁也是这样做的。

刘国梁平时工作虽然辛苦，却从来没有忽视过孩子的教育。他是个开明的父亲，从未想过要逼着孩子同他一样走上乒乓球冠军之路。当他发现大女儿赢赢在高尔夫上有着极高的天赋后，刘国梁立马找来专业的教练员为女儿制定了严格的训练计划。

一开始，赢赢会抱怨他的严格。刘国梁一边鼓励她，一边抽出时间给赢赢当球童，陪她训练，带她去比赛。赢赢三岁开始接触高尔夫，八岁就拿到了世界冠军，这个消息瞬间轰动了网络。作为父亲，刘国梁为女儿的“初露锋芒”骄傲不已。

孩子能够茁壮地成长堪称家长最大的心愿，所以家长总是倾尽全力地去为孩子遮风挡雨，见不得孩子受一点委屈。可是这样做对孩子的成长没有好处。尽早让孩子体会失败的滋味反而是在为孩子日后跨越障碍奠定基础。

当然，家长们一定要注意，挫折教育不是一蹴而就的事情，切不可拔苗助长。在日常生活中潜移默化地引导，并为孩子设置阶段性目标，才能让孩子蜕变成“输得起、靠得住”的人。

把幽默“传染”给孩子

都说孩子是父母生命的延续。有的家长不禁愁眉苦脸道：“真怕孩子会继承我骨子里的悲观，一辈子活得自怨自艾。”然而，家长若沉陷在悲观的情绪里无法自拔，却不试着做出改变，孩子也只会在悲观的成长环境中越来越自卑、内向。如此一来，这些家长一直担心的事情就会变成现实。

宁欣原先是一个刻板、严肃的女孩，当了母亲后，她却变得活泼、机智起来。她平时与女儿之间的谈话，总是趣味盎然，满溢着童心。

有一次，女儿同她闹矛盾，气鼓鼓地待在一旁不说话，宁欣悄悄走近女儿，摸摸她的小肚皮道：“宝贝肚子里是不是藏着一个气球？是不是要等气都跑光了才肯和妈妈说话？”女儿咯咯笑起来，摸着宁欣的肚子说：“妈妈肚子里的气球比我的大多了！”宁欣接到：“对，我肚子里的是热气球！”母女俩说完后，不约而同地笑起来。

还有一次，女儿踌躇满志地参加了一场比赛，最后却名落孙山。宁欣担心她承受不了这个打击，想不到女儿顽皮地眨眨眼：“我要打电话给我的幸运女神，让她赶紧飞过来帮我……”

宁欣积极调整自己的心态，让女儿在耳濡目染之下成了一个乐观向上、充满了幽默感的人，能够健康快乐地成长。孩子充满幽默感的大部分原因是来自家长。家长若说一些好玩的话，或做些有趣的动作，孩子总会在第一时间露出纯真的笑容。这时候，幽默的种子正在孩子的心中悄悄地发芽。

在育儿专家看来：幽默感在人际交往中占据着极其重要的地位，它是情商的另一种体现。欣赏幽默、深谙幽默之道的家长更容易培养出充满自信、不畏困难的孩子。而内向、抑郁的家长却往往会成为孩子成长过程中的阴影，无法给他们带来阳光。

如果家长的心态偏于内向，一定要尝试着敞开心扉，用自己的方式去拥抱幽默。家长心态的积极转变对孩子而言是最好的礼物。因为健康和谐的亲子关系一定少不了幽默这味“佐料”。

钱钟书是一位极具童心的父亲。他喜欢和女儿阿圆一起玩耍，总是手舞足蹈，将阿圆逗得十分开心。

有一次，钱钟书趁阿圆睡得正熟，用毛笔沾墨在孩子的肚皮上画了个大花脸。阿圆醒后，盯着肚子上那张有趣的脸哈哈大笑起来。她也拿起毛笔，在父亲脸上胡乱涂画起胡须。钱钟书趁其不备，转身便跑。父女俩你追我赶，玩得不亦乐乎。

钱钟书还喜欢在阿圆的床上藏各种玩具，等到阿圆将所有的玩具找齐后才肯睡觉。类似这样的小游戏层出不穷，让阿圆的童年生活变得丰富精彩，意趣盎然。

富有幽默感的孩子能轻易地收获同龄人的信任与“爱戴”，他们身上那种无形的亲和力能让他们迅速融入各种不同的环境，而这也是孩子能始终以乐观宽容的心态去面对世事的重要原因。那么，作为家长，又该如何将幽默传递给孩子？

1. 保留自身骨子里的童趣、童心。

很多家长自持于大人的尊严，每每出现在孩子面前的时候都是一副不苟言笑的样子。久而久之，孩子在你面前也会戴上一副面具，不愿意袒露自己的真心。

能够放下身段，全身心地融入孩子世界的家长，教给孩子的是一种积极乐观的处世方式，是一种深沉、厚重的人生观。正如幽默大师林语堂所言：“幽默是一种人生观的观点，是一种应付人生的方法。”

2. 家长做到用心感悟生活，乐观向上。

幽默的人都有一颗火热的心。只有心向光明、热爱生活的人才能挖掘出生活中种种幽默、美好之处。家长只有做好表率，才能教会孩子如何运用自己的视角去看待世界，如何在复杂的环境中依然保有一颗赤子之心，始终乐观地面对世界。

3. 教孩子欣赏幽默作品。

3岁大的宝宝已经有了阅读的需要，家长可用幽默的作品来提高孩子对幽默的领悟力。比如漫画书《丁丁历险记》，文学故事《老虎拔牙》等。一些幽默的歌曲也能让孩子始终保持愉快的心情，启迪孩子的心智，如《你把袜子穿在耳朵上吗》《两只老虎》等。

4. 鼓励孩子大胆表现幽默。

生活中，为孩子搭建自由展现幽默的舞台，鼓励孩子巧妙自嘲，说“段子”，讲笑话。注意引导孩子把握幽默技巧，高明的幽默不是肆无忌惮地开别人玩笑。

幽默感不仅仅来源于先天的遗传，后天的培养亦十分重要。家长可以有意识地提升自己的幽默感，以乐观向上的心态面对生活中的困境，再将这份快乐“传染”给孩子。家长不要在家里频繁地宣泄自己的负面情绪，应找到良好的放松途径，比如跑步、唱歌等，让孩子也学会如何用轻松的方式来面对生活中的困难。亲手营造一个充满欢声笑语的家庭是非常有成就感的事情。

培养孩子专注的性格，只有专注才能走得更远

缺乏专注力的孩子注意力容易不集中，像得了多动症一样老是坐不住，做事三天打鱼两天晒网，写作业的时候老是拖拉……家长们苦恼于孩子糟糕的专注力，却不知道从一开始就要着意去培养孩子的专注力。还有很多家长不知不觉中扮演了扼杀孩子专注力的“背后元凶”。

5岁的琪琪正聚精会神地看着童话书。

奶奶问道：“琪琪，喝点牛奶吧。”琪琪摇摇头。

过了一会儿，奶奶又试探着问道：“要不吃个苹果？”琪琪还是摇了摇头。

奶奶追问道：“琪琪你看得懂吗？不如奶奶跟你说个故事？”

琪琪的爸爸闻声而来，将奶奶哄出了琪琪的房间，笑道：“妈，她一个人看书看的正专心呢，您别打扰她。”

很多家长也经常会遇到这样的情况，当孩子自顾自地将积木胡乱地堆在一起时，家长觉得孩子这样是错误的，便出言提醒：“别这样搭，这块不应该放在这里……”孩子却不管不顾，结果积木塌了，家长忍不住抱怨：“叫你别放这里你偏不听……”孩子生气地将手中的积木丢掉，然后跑开了。本来玩游戏是一件快乐的事情，结果却弄得家长和孩子双方都不高兴。

实际上，孩子这时候正处于“自我意识萌芽期”，他们看似不听话的行为其实是对自我能力的一种探索。在这个过程中，孩子无疑是相当专注的。家长对孩子懵懂的探索表现出的不耐烦，却让孩子的专注力戛然而止。教育专家多次强调：专注力其实是孩子天生具备的一种品质。家长若能对孩子的行为多一点理解，孩子的专注力便能顺利“抽芽”，茁壮成长。

有时候，家长也会为了赶时间或别的理由，屡屡打断孩子的专注力。孩子的专注力若一再遭受破坏，就很难重新建立。所以，当孩子全神贯注在自己感兴趣的事情的时候，家长最好默默陪伴在一旁，并及时给出指导。

孩子不够专注，还与家长从小“鼓励”孩子一心二用有关。为了培养孩子的全面素质，教导孩子最大化地利用时间，有些家长总是会让孩子一边干这一边干那。比如说，孩子玩拼图的时候，家长在旁边放古诗词的朗诵光碟。久而久之，孩子的注意力变得越发难以集中。

有些家长往往会给孩子安排过于密集的活动，正因如此，孩子在一件特定的事情上只能投入很短的时间。紧接着，他们就要被督促着参加下一个活动。

当孩子的注意力长期处于游移的状态时，又怎能期望孩子像机器人一样，做任何事情都能快速投入、无比专注呢？

丹丹从幼儿园放学后，妈妈马不停蹄地开始了英语启蒙课。丹丹刚刚学会了三个单词，妈妈又搬来一摞书，说：“现在是亲子阅读时间。”她带着丹丹朗读起了一个个小故事。没等丹丹消化完故事内容，妈妈又拿来魔方游戏，教女儿玩起魔方来。

丹丹心不在焉地转动着手中的魔方，不时看向窗外。妈妈火了：“你的注意力怎么就那么难集中呢？”

丹丹由于年纪还小，还不能长时间集中注意力，每一段专注的时间过后都需要适当的休息。可是妈妈为丹丹安排的学习任务过于密集，这样反而不利于丹丹专注力的培养。所以，家长应该留出让孩子专心致志地做一件事的时间，慢慢培养孩子的专注力。

除此之外，家长还能采取哪些具体的方法来提高孩子的专注力呢？不妨参考以下建议：

1. 习惯性地延迟帮助。

拿一道数学题来举例，有的孩子可能需要计算半小时，才能得到正确的答案。家长却等不了那么久，他们迫不及待地将方法及答案一股脑地塞进孩子脑中，希望孩子能迅速消化。其实，引导孩子自己去寻找答案，才是正确的做法。因为专注力能靠着成就感得以大幅提升。

2. 在安全的前提下，鼓励孩子做新鲜的尝试，培养广泛的兴趣。

兴趣是专注力必不可少的条件。当孩子找到一项感兴趣的事情时，他们甚至能安静地坐上一小时。这时候，家长要放下浮躁，不要轻易打扰，放手让孩子自己去摸索。

3. 依据孩子的实际情况，减少课外班的次数。

有些孩子上课的时候不认真听讲，是因为很多内容他们在课外班已经听过了。孩子在这样的学习氛围中，学习能力其实没有得以提升，学习兴趣也大大降低，无疑是得不偿失的。有些课外班很有帮助，有些却没必要，家长可酌情删减。

4. 将孩子的书房收拾得更加简洁明亮。

杂乱的环境不利于孩子专心学习，玩具、漫画书等时时向他散发着诱惑力。家长要将书房里多余的物品收起来，别让孩子受到干扰。

5. 带孩子进行一些“静心训练”。

比如说“听数报数”，家长随机念一组数字给孩子听，然后让孩子凭着记忆报出来；比如说“读书训练”，家长挑选一篇文章，让孩子大声朗诵，家长记下孩子读完文章的时间，孩子一旦出现停顿、错误，便让他从头读起……

在进行这些小游戏的时候，家长还可以设置一些奖惩措施，以此提高孩子的积极性。

家长要根据孩子的年龄和特性，给予科学、正确、循序渐进的引导，让孩子的专注力得以最大幅度地提升。只有专注才能让孩子走得长远，家长抓得越早，后面的效果就越好。

积极阳光，引导孩子发现自身的闪光点

学习领域的经典著作《刻意练习》中说："人人都能成为天才！"在教育孩子的过程中，家长最重要的任务是帮助孩子发现"原来我擅长这些""我也可以做到""在这方面我比别人厉害得多"让孩子找到自身的闪光点。

1840年，柴可夫斯基出生于俄国的一个普通家庭。他的父母虽然没有音乐才能，却都很喜欢听音乐。在柴可夫斯基还是个婴儿的时候，柴可夫斯基的父母发现自己的儿子对音乐特别敏感。他们认定，襁褓中的小柴可夫斯基绝对是个音乐天才。

每天，父亲上班后，母亲就在家照看儿子。她会在小柴可夫斯基大声哭闹的时候温柔地哼唱俄罗斯民歌，哄着他进入甜蜜的梦乡。黄昏时候，母亲会让小柴可夫斯基一边玩着玩具，一边等候着父亲归来。每当小柴可夫斯基听到"嘚哒、嘚哒"的马蹄声的时候，便会手舞足蹈起来，仿佛在欢迎父亲回家。有一次，父母发现年幼的柴可夫斯基能够将在音乐会上听来的旋律用钢琴准确地弹奏出来，惊讶之余，立马送儿子去上正式的音乐课程……

柴可夫斯基的父母在儿子还是个婴儿的时候，就发现了他对于音乐有着天生的敏感，他们会在逗孩子玩乐的过程中有意识地培养孩子的节奏感。可以说，是他们将柴可夫斯基引上了音乐之路。这种一旦发现孩子的天赋就尽早培养的方法值得所

有家长效仿。

引导孩子“自我发现”比家长刻意地提醒要重要得多。其实没有真正的笨孩子，只有尚未发现自我闪光点的孩子。哪怕自己的孩子缺陷良多，家长也要以开朗阳光的心态去感染孩子，引导孩子领悟这个道理。

然而，生活中有些家长对孩子的特长不屑一顾，只希望孩子将所有精力投注在学习上。所以下面这样的现象屡屡发生：

孩子兴冲冲地对妈妈说：“妈妈，这次体育比赛我又拿了第一名。”妈妈：“文化课成绩不好，体育考满分有什么用？”

“妈妈，老师说我跳舞很有天赋。”“现在正是学习的关键时候，这学期你别学舞蹈了，我已经替你报了补习班。”

成绩确实是决定孩子未来的重要因素，但却不是唯一因素。家长若对孩子真正擅长的事情不重视，将孩子的闪光点扼杀在萌芽阶段，很可能会推着孩子走上一条他们并不擅长也并不喜欢的人生道路，辜负了孩子对家长的信任。

当然，家长对孩子的赏识不要只停留在表面，“你挺棒的”“你很不错”等话语听多了，孩子也觉得腻味。

事实证明，那些总将乐观、阳光的一面展示给孩子的家长更容易培养出自信的孩子。所以，日常生活里家长应该积极挣脱负面情绪的奴役，这对孩子而言意义重大。

家长可采用以下方法去引导孩子“自我发现”：

1. 摒弃“横向比较”，保护孩子的不同之处。

在中国式的家庭教育里，“别人家的孩子”是横亘在孩子心头一个沉重的阴影。与其将时间和精力花在别人家的孩子身上，倒不如把时间拿来发现、挖掘自家孩子的“不同之处”。一味要求孩子向同龄人看齐，无疑是在扼杀孩子身上那份珍贵的独特性。

爱迪生小时候在老师眼里是个调皮捣蛋的孩子。

有一次，学校买来了新玩具，他一时好奇，将这些玩具拆得零零碎碎。等他观察完玩具的内部构造时，却发现自己无法将这些玩具拼装回原样。

老师一气之下“请”来了爱迪生的母亲，抱怨道：“请让您的儿子改改爱拆东西的毛病吧！”爱迪生的母亲先表示了歉意，然后郑重其事道：“可能在您看来，爱拆东西是爱迪生的缺点，而在我看来这是他最独特的地方。”

母亲接着说道：“您叫他改掉这一点，那他不就变得和其他孩子一模一样了吗？”

在爱迪生的母亲看来，喜欢拆东西正是好奇心强、动手能力强的体现，而这是她孩子最大的优点，从而成就了伟大的发明家爱迪生。家长也应向爱迪生的母亲学习，要抱着欣赏的眼光去看待孩子。

2. 鼓励孩子在众人前展示长处，并给孩子创造锻炼的机会。

家长还应创造条件和机会，让孩子通过锻炼将闪光点变成受益一生的特长。比如，孩子若对绘画兴趣浓厚、天资斐然，在条件允许的情况下，不妨让孩子跟随专业名师学习，充分挖掘孩子的潜力。也可以鼓励孩子去参加绘画比赛，或通过其他渠道去展示优点。

3. 别粗暴地否定孩子，做到因势利导。

大部分孩子都充满了好奇心，脑子里仿佛装满了“十万个为什么”，其实这正是孩子最可贵的地方。对于孩子喋喋不休的询问，哪怕家长觉得幼稚、烦躁，也不要轻易拒绝。而应该第一时间回应孩子：“这个问题问得太棒了！”随后耐心地向孩子做出解释。

孩子一天天长大，也在一天天进步。家长的鼓励、肯定、引导会让孩子昂扬自信地走向未来。

“你不行”说得太多，孩子就会真不行

有一句话是这样说的：“你说孩子是什么样的人，孩子就会成为什么样的人。”试想，一个心理健全的成年人，如果天天被人说“你不行”“你真糟糕”“你也太差劲了吧”……时间一长，再自信的人也会被打压得锐气全无。对于心理发育还未成熟的孩子来说，这更是一件无法承受的事情。

一位网友在知名论坛上发帖称：“我都三十好几的人了，可是无论做什么事都会被母亲否定。无论是我的穿着打扮，还是人际交往间的态度措辞都会受到母亲的挑剔……总之就是各种不对！母亲喜欢不分场合地‘教训’我，甚至当着我女儿的面。我记得我小时候明明是个活泼开朗的孩子，后来却变得越来越自卑、懦弱、害怕改变。”

随后，网友说，她从母亲错误的教育观念里吸取了经验教训，当她与女儿相处的时候，从来不会随意打击女儿。让她欣慰的是，女儿极其活泼可爱，一如她当年的模样……

教育孩子的过程中，千万不要将“你不行”挂在嘴边。家长说的次数越多，孩子的自信便流失得越快。一些家长之所以将“你不行”挂在嘴边，原因有很多。比如说他们希望孩子成长为一个谦虚的人，希望孩子能养成自省的习惯，不要骄傲……

有的家长从小听到最多的就是“你不行”，于是他们又将这种教育模式套用在自己的孩子身上，却没有想过这对孩子到底好不好。或者，因为家长们的工作环境中充满了挖苦和否定，使得他们也养成了这样一种思维习惯。于是，当他们面对孩子的时候，脱口便是：“你不行”。

这其实是一种“语言暴力”，这种教育方式只会给孩子的心灵造成不可磨灭的伤害。如果家长期盼着孩子能成长为一个优秀、聪明的人，就不要总是斥责孩子“笨”“差劲”；如果家长想要孩子变成热爱学习的人，就不要在孩子伏案看书的时候，阴阳怪气地嘲讽他：“你再怎么努力都考不过别人，临时抱佛脚有什么用？”……

家长经常会问孩子：“长大后想要做什么？”有的孩子脑子里总装着些天马行空的想法，他们可能会回答说：“我想成为宇航员，飞去火星”。面对这一类回答，有的家长会板起面孔说：“这是不可能的事情，你做不到的。”然后强迫孩子换个“接地气”的梦想。孩子本来是对未来怀有美好的幻想，家长一句话却磨灭了他们的自信心。一旦家长将“你不行”说得愈加频繁，慢慢地，孩子也变得越来越不敢梦想、不敢尝试。

常把“你不行”挂在嘴边的家长不妨试着参考宋嘉树的教育理念。他有六个子女，每一个孩子都在历史上留下了浓墨重彩的一笔。而他本人，也被称为“中国历史上最厉害的父亲”。

宋嘉树幼年时对父母的刻板教育模式十分反感，等他长大成人有了自己的孩子后，他一改父母的教育模式，逐渐摸索出了一套科学的教育方法。

在日常生活中，宋嘉树十分照顾孩子的情绪，经常领着孩子们去见识新鲜事物。他总对孩子们说：“天地之大就在脚下。”久而久之，几个子女变得越来越自信，一直深信生活中根本不存在自己办不到的事情。

他还经常给孩子们讲述自己年轻时的冒险经历，告诉他们：“对有胆识的人来说，天下无难事。”结果孩子们一个个成长为富有创新精神的栋梁之才。

来自家长的一个轻飘飘的“不”字，可能会变成压垮孩子自信的最后一根稻草。有的孩子因此变得脆弱敏感、畏首畏尾，有些倔强的孩子心中却因此萌生了一颗叛逆的种子，他们处处和家长作对，公然挑战家长的权威，相信没有一个家长希望事情演变成这样。

既然暗示的力量如此之大，家长若能将“你不行”改为“你真棒”“我相信你可以”，用春风化雨式的言语抚慰孩子的心灵，引导孩子积极成长，孩子“长歪”的概率便会大大减少。除了“你不行”外，家长更不能对孩子说以下这些话：

1.“你再不听话，我就不要你了。”

这一类威胁式的话语也许能在一时之间震慑住孩子，却无疑会给孩子留下心理阴影。这类话说得越多，孩子的安全感就变得越来越稀薄。极其容易激发出孩子骨子里自卑、敏感、脆弱的一面。

2.“你怎么这么烦人啊，谁会喜欢你。”

有些孩子确实很闹，当家长被“折磨”得身心俱疲时，经常会甩下上面这句话。其实，作为家长在面对孩子的时候要拥有更多的耐心和爱心。负气的话说多了，只会让孩子产生自己不招人喜欢的想法。有的孩子会因此变得更任性，有的孩子甚至连交际能力都会受到影响。

孩子将来发展的是否顺利，很大程度上取决于家长的教育方式。有时候家长无心的一句话就会对孩子造成很大伤害，所以，家长千万不要对孩子过多地进行否定。

孩子学不会独立是教育的灾难

有些孩子除了上学读书之外，生活中的事一概不会做，连鞋带都系不好；有些孩子即使年龄很大了，仍需要家长喂食、清理……让孩子学会独立，是家长的责任。幼儿教育学家蒙特梭利曾说：“若不能独立，也就谈不上自由。任何教育活动，如果对幼儿教育有效，那它就必须帮助幼儿在独立的道路上前进。”

罗斯福在孩子很小的时候，便对他们说：“依靠父母过寄生生活的人是可耻的。”生活中，他要求孩子自己的事自己做主，在不依靠别人的帮助下打理好个人事务。每逢孩子们遇到难题，罗斯福都会冷静地退居一旁，仅做言语鼓励，却很少动手帮忙。

大儿子詹姆斯20岁时去欧洲旅行，临归前他看中了一匹好马。詹姆斯一时冲动，用仅存的旅费将这匹马买了下来。之后，他不得不打电报向父亲求援。罗斯福却硬着心肠回复道：“你和你的马游回来吧。”最后，詹姆斯只得卖掉马，买了回程票。

二战期间，二儿子埃利奥特一度犹豫着要不要亲赴战场。他带着这个问题去问罗斯福，罗斯福皱着眉说道：“你该认清我是什么样的父亲。从小到大，你们的事是你们自己的事，我从不干预。”一番思索之后，埃利奥特终于做出了选择。他放弃了刚刚起步的事业，走入了陆军部的大门……

所有孩子都将面临一个艰难的“心理断乳期”。按照儿童心理专家的研究，10岁至18岁之间的孩子总是梦想着成为独立个体，他们迫切希望能够从精神层面吸取到足够的营养。

这时候，家长若采取管制式的教育，一味剥夺孩子的决策权，很容易引发孩子的叛逆心理。所以正处于青春期的孩子经常会有两种极端情绪的表现：一面胆小内向，缺乏独自应对风浪的勇气；一面又会将无法独立做主的怨气撒在家长身上。这其实是因为这个阶段的孩子遇到了成长过程中的第二次叛逆期。

孩子的成长过程中有两次叛逆期，第一次叛逆期一般发生在3岁左右的孩童身上，这一阶段的孩子总会让家长无比闹心。有的孩子动不动就会哭闹，他们喜欢用高分贝的尖叫来反抗家长的管教；有的孩子面对家长的要求拖拖拉拉，或者坚决不做……孩子之所以表现得这么“不合作”，是因为他们心里刚刚萌生出一颗独立的种子。家长的过度保护对于他们而言相当于禁锢自由的枷锁。但是家长太强大了，孩子们不知道怎样与家长沟通，只会用这样的方法来表达不满。

对于强势的家长，孩子往往选择屈服于管教和指示，事事任由家长做主，这绝对不是一件令人高兴的事情。此时，孩子的内心是压抑的，继续实行这样的教育，他们只会一步步丧失独立自主的能力，甚至变成一个“巨婴”。孩子若不服管教，家长更要小心孩子会往行事暴躁、喜欢暴力对抗的方向发展。想要让孩子快速成熟起来，家长一定要尊重孩子的“独立宣言”。

有一天，吴丽琳因为感冒请假在家休息。

见她一脸虚弱的样子，7岁的小儿子连忙替母亲倒了一杯热水。而这时吴丽琳脱口而出：“别碰热水，小心烫伤！”儿子脸上立马闪过一丝沮丧的表情。吴丽琳瞧在眼里，灵机一动道：“替我拿片感冒药吧。”

儿子听了，又开心了起来。只见他快速拿来了家用医药箱，翻出了一片感冒药，让妈妈吃下了。过了一会儿，药效发生了作用，吴丽琳只觉得头昏脑涨。她告诉儿子自己想要睡会儿。儿子立马跑进她的卧室，细心地替她铺好床，扶着她躺下。

就在吴丽琳昏昏欲睡的时候，儿子替她捏起脚来。看儿子一副“小大人”的模样，她心里不由漫过一阵幸福感……

那么，家长怎样做才能让孩子学会独立呢?

1.适当示弱，请孩子帮忙。

很多家长自嘲是操心的“老母鸡”，总想将孩子呵护在翅膀下。可有时候，家长若能放下身段依靠孩子一回，让孩子感受到家长对他的依赖，对培养孩子独立自主的性格有着极大的好处。

2.让孩子每周都做一天“小管家”。

这一天，孩子自己的事情自己做主。如果全家一起出去玩，让孩子自主安排活动，比如看电影、吃饭、游玩等，并引导孩子预算好花费。

3.给孩子说“不”的权利。

孩子若对家长做出的安排表示拒绝，家长应耐心倾听孩子的想法，再根据孩子的意见做出调整。这能让孩子产生一种意愿被受到尊重的感觉。

需要注意的是，孩子黏人并不意味着孩子不独立。对家长的依恋感得到充分满足的孩子，内心能够获得足够的安全感，给孩子强大的内驱力，让孩子自动脱离家长，走向独立。给孩子足够的陪伴，是让孩子学会独立的首要条件。

一颗勇敢的心不是说出来的

勇敢的孩子通常活泼开朗、敢拼敢闯，遇事沉着冷静。但很多家长却发现：自家孩子在家里蹦蹦跳跳、活泼自信，可在陌生人面前却显得扭扭捏捏，羞怯地躲在自己身后。这让家长忍不住抱怨说："你怎么这么胆小？"

游乐场里，五岁的小颖正在玩乐高积木。身旁的一个小姑娘大方地向小颖自我介绍道："我叫明明，我们能一起玩耍吗？"小颖脸红了，怯生生道："好的。"

明明的妈妈笑着对小颖的爸爸说："你家姑娘性格有点内向哟。"小颖爸爸听了有些不高兴，对女儿说："小颖，说话声音大一点！"小颖低着头不说话。

过了一会儿，一个小男孩拿走了小颖的积木。爸爸皱起眉头说道："你怎么能让别人把你的玩具拿走？勇敢一点，赶紧要回来！"小颖低着头，泪水在眼眶里打转……

爸爸生气地要求小颖胆子大一点，不但没有起到良好的效果，反而让小颖更加难过。当孩子在陌生人面前害羞时，家长一味地责骂并不能让孩子鼓起勇气好好同人交往，反而会让孩子更加害怕陌生人，内心更加抵触人际交往，慢慢地，孩子会朝着内向、孤僻的方向发展。

当孩子在人际交往中表现得过于内向、不够自信的时候，很多家长经常会用以下几种方式来口头"教育"孩子：

打压型鼓励：“你要是能像其他小朋友一样勇敢一点就好了”“别怕，别的孩子做到了你怎么就做不到呢”……这些话听起来是鼓励，却带着打压的意味。

强迫式说教：有些家长本意是想教孩子勇敢，可话一说出口却是咄咄逼人的指责。面对暴怒的家长，孩子表现得更加不知所措，更习惯于退缩。

言语能够起到的效果并不如家长想象中的明显。况且，多数家长的话语中往往带着恨铁不成钢的意思，反而会给孩子留下心理阴影。其实，孩子在公共场合、陌生人面前表现出害怕是很正常的情况，家长不要将这当作丢人的事情。而应该在平时多鼓励孩子去大胆尝试，帮其消除内心的恐惧。

有一次，宋嘉树特意选了个雷电交加的日子，带着宋庆龄去龙华。见龙华塔高耸入云，屹立不倒，他对宋庆龄解释起这塔千年来不畏风雨的原因，还鼓励宋庆龄和他一起，绕着宝塔比赛跑步。

宋庆龄当时有些胆小，心里很害怕。但是见父亲温和的目光像“保护伞”一般紧紧笼罩着她，便大着胆子，冒着风雨跑起来。那天她和父亲一起，足足跑了六圈，越跑越觉得心中畅快淋漓……

家长应做好榜样，培养孩子拥有一颗勇敢的心。生活中，有些家长会拒绝在家长会上发言，讨厌在大庭广众下表演节目、做演讲。如果家长自己在人际交往中都表现得扭扭捏捏，却一味地强迫孩子去做连自己也做不到的事情，恐怕效果不会很好。

那么，为了让孩子变得勇敢起来，家长具体应该怎么做呢？

1.扩大孩子的交际范围，带他见世面。

阅历丰富、见多识广的人往往拥有不俗的勇气，孩子也是一样。家长应该尽量帮助孩子扩大交际圈，带他们见识不同的场合。比如说，家长可以带着孩子参加亲子聚会、朋友间的聚会等，孩子见的人多了，自然懂得在不同的场合应如何礼貌应对。在这种环境中长大的孩子，往往不惧人、不惧事。

2.给孩子足够的空间，让孩子拥有“冒险”的自由。

一味地把孩子关在家里，孩子怎能学会勇敢？家长可以在一旁观望和注视着孩子，让他们积极尝试新的领域，多些冒险的空间。比如说，多带着孩子去野外踏青，而不仅仅将游玩地点设置在人工游乐场。当然，这样做的前提是家长要提前计算好危险的概率，再三确认孩子始终处于安全的范围内。

3.给孩子设置“攻关游戏”。

家长要学会给孩子设置一些有趣的障碍，用游戏的方式提升孩子的自信。这既能帮助亲子之间实现感情升温，又能让孩子的勇敢不停地“增长”。

比如说，一家人准备去某地旅游，可以放手让孩子制定最佳旅游路线；家长想打听某个人的近况，可以让孩子帮忙去询问，等等。只是，这些小游戏不宜太难。只因孩子一旦受挫，很容易沮丧。

4.不要对小伤小痛表现得大惊小怪。

有很多家长容易被孩子的小伤小痛吓住。家长若是对孩子的一些小伤痛过于紧张，甚至一惊一乍，只会加重孩子的心理负担，让孩子变得更加脆弱。其实，孩子在成长过程中难免会有些沟沟坎坎，家长应该让他学会如何正确面对这些小挫折。

关于勇敢的教育，对家长和孩子而言都十分重要。在这个过程中，家长不能置身事外，要和孩子一起探索、学习和成长。

世上没有不懂感恩的成功者

生活中，这样的场景屡见不鲜：爷爷奶奶背着书包，脚步蹒跚地跟在孩子身后；母亲卧病在床，还不得不听孩子抱怨为什么家里没有准备好饭菜……天下没有不爱孩子的父母，可有的家长却施予了错误的爱。他们对孩子越是千依百顺，孩子就变得越来越冷漠，不懂得感恩。没有教会孩子感恩的家长，无疑是失职的。

泰国的一个短片曾引起无数观众的热议，短片中的女孩与母亲大吵一架后偷偷离家出走了。她在街头闲逛了很久，闻到街头面摊传出的香味，不由停住了脚步。见女孩可怜兮兮的样子，老板娘给她端来一碗面。女孩狼吞虎咽地吃完后，对老板娘表达了心中的感激之情。

谁知老板娘竟将她骂了一顿，说："你该感激的是你的母亲。"女孩幡然醒悟，她立马跑回了家。母亲看到她，不由面露喜色："赶紧过来吃饭，饭都凉了……"

女孩生活在母亲无微不至的照顾中并不自知，却能对别人给予的一点温暖表现得感激涕零。这其实是很多孩子的真实写照，这些孩子一味地向家长索取，当在某一件事情上得不到满足时，便对家长生气，甚至怨恨家长。

泡在蜜罐里长大的孩子一旦受到了挫折，最容易被别人给予的小恩小惠打动心扉。然而，他们最容易忽视的却是自己父母的恩情。

教会孩子感恩是家长义不容辞的责任。但是针对孩子进行的感恩教育不应流于形式。感恩教育的第一步是让孩子学会感恩家长。大部分孩子之所以忽视家长的付出，是因为他们没能与家长产生共情。缺乏共情能力的孩子并不懂得何为关心家长，何为体谅大人。

大多数家长将孩子保护在“温室”里，虽然口头上一味抱怨着“生活不容易”，但孩子其实对家长正在面对什么、有多艰难并没有具体的概念。家长一味地以孩子为中心，永远把孩子的感受放在第一位，最后培养出来的却是调皮捣蛋惹人厌的“熊孩子”，长大了更变成“白眼狼”。

家长在对孩子有求必应的同时，孩子却以为家长对他们一无所求，这种教育模式下长大的孩子很难懂得什么是感恩。有时候，不妨做个“计较”的家长。孩子睡前忘了给你一个吻，不妨假装生气，假装委屈；孩子忘了分一口好吃的给你，或者忘了你的一个小要求，不妨将“在意”写在脸上……像这样的小事，反而应该多计较一点。

刘芸在接女儿朵朵放学的路上买了几个可口诱人的苹果。她问孩子道：“朵朵，你说这些苹果该怎么分配啊？”朵朵想了想，回答说：“青一点的苹果给爸爸吃，因为爸爸说他喜欢吃酸的；妈妈你就吃这个最小的苹果，你不是在减肥吗？奶奶老说自己牙齿不好，就不给奶奶吃了……”刘芸越听心里越不是滋味。

平时大家都很宠着朵朵，有好吃的都会找各种借口让给朵朵吃。她没想到，朵朵完全没有领会大人的用意。刘芸严肃地对女儿说：“朵朵，奶奶最喜欢吃苹果了，这个又大又甜的苹果得给奶奶吃。你人小胃口小，就吃这个小一点的苹果吧。”

朵朵在分苹果的时候并不是自私，她只是不知道平日里家长们说的那些理由，都是为了把好吃的留给她所找的借口，家长如果只对孩子默默无闻地付出，而不让孩子知道，那么孩子便容易忽视平日里家长的好意，容易把一切都当做理所当然。

想要让孩子学会感恩，家长应该这样去做：

1.带孩子去自己的工作场所看看。

家长可以让孩子了解自己工作的性质，让他们体会到挣钱的不易。孩子慢慢会明白家长的艰辛，理解家长付出的一切都不是理所当然的。也可利用父亲节、母亲节、重阳节等传统节日来对孩子进行感恩教育。孩子若是送了你礼物，一定要当场对孩子表达谢意。孩子有了被需要的满足感，就更愿意去帮助别人。

2.让孩子参与家庭劳动，或带孩子去当地敬老院等福利机构体验。

家长不妨引导孩子从力所能及的事情做起，为孩子创造回报的条件。比如说，将家中洗碗、扫地之类的家务活都交给孩子去做。有些开明的家长还会将孩子带去养老院等福利机构，让孩子帮助老人们做一些力所能及的事情，用行动回报社会。

3.鼓励孩子多参加集体活动。

与集体相处融洽的孩子往往乐观而开朗。当他们心中对集体、家庭的责任进一步加强时，才会懂得关爱他人，才能体会到奉献的意义。

4.孩子有了吃“独食”的想法时，第一时间拒绝。

习惯吃“独食”的孩子慢慢会养成自私的性格。他们会认为自己吃好吃的食物，占有好的资源是理所应当的事情。不懂得分享、不知道如何关爱他人的孩子也无法得到更多的爱。家长学会拒绝孩子这种行为，孩子才能渐渐学会付出自己的爱。

高尔基曾说：“爱孩子，这是母鸡都会做的事情，但教育好孩子，却是一门艺术。”懂得感恩的真谛对孩子而言意义重大，对家长而言也是一件极有成就感的事情。

在孩子尝试着回馈家长、回报社会的过程中，家长要将赞扬挂在嘴边。哪怕孩子做得不尽如人意，家长也要发自肺腑地感激他、称赞他、肯定他，这是孩子前进动力的最大来源。

敢于承担的孩子最优秀

曾有一位妈妈无奈地说："儿子有一次不小心把家里的笔记本电脑摔坏了，谁知他一点内疚的表现都没有。我说了他几句，他竟然赌气离家出走了。"

孩子毫无责任心怎么办？著名教育家茨格拉夫人曾说："必须教育孩子懂得他们不同的一举一动能产生不同的后果，那么随着时间的推移，孩子们一定会学得很有责任感的。"

有一次，茨格拉夫人的儿子放学后并未按时回家，而是选择和朋友一起出去玩。当他回到家中的时候，茨格拉夫人正坐在客厅的沙发上。儿子向她解释了晚归的原因，茨格拉夫人表示理解，随后温言道："你应该提前跟我打招呼的。"

儿子嘟囔了一句："我只比平时晚了半小时而已。"茨格拉夫人道："那么你该将今晚玩耍的时间也缩短半小时，我们必须遵守时间安排。"

生活中，有些心软的家长总认为孩子年纪还小，不该承担那么多。于是，他们一再迁就、妥协，换来的却是孩子对家长底线的一再试探。

要知道，责任心的培养并不是一朝一夕的事，无论孩子多大，只要孩子犯了过错，家长就应该像茨格拉夫人一样，让孩子为自己的行为负责。

心智还未成熟的孩子很容易推卸责任。有关调查显示，60%以上的孩子有着不负责任的习惯。当然，这并不是因为他们天生道德品质败坏，而是因为家长没有及时的给予教育。

还有的家长过于严厉，导致孩子特别怕犯错误。孩子犯了错误后也不敢主动承认，生怕面临可怕的惩罚。这时候，家长应该告诉孩子，勇于承认并承担错误是不会受到责备和惩罚的。

孩子频频撒谎，千方百计地寻求推卸责任、免于惩罚的方法，可能是因为他们内心缺乏信任感，家长并未给予他们足够的关爱和理解。

家长粗暴的态度和情绪冷暴力，都是孩子内心不安定感的来源。这种环境下长大的孩子，潜意识里总隐藏着这样的想法：我要是承认了一定没好果子吃。

为了不让孩子形成这种畸形的人生观，家长一定要给予孩子足够的关心、信任和尊重，尽一切努力去点燃孩子心中那份敢于担当的勇气。要让孩子意识到自己和家长在人格上是平等的，作为独立的个体，自己完全有承担责任的能力和义务。

某小区曾发生过这样一件事情：一天傍晚，一个小男孩骑着自行车经过一辆豪华轿车。男孩一时走神，自行车便挨着轿车门疾驰而过。男孩惊出一身汗，他回头一看，只见轿车车身被自行车刮了一条长口子。男孩犹豫片刻，骑着自行车“落荒而逃”了。

男孩回到家，一脸惊慌失措。见他魂不守舍的样子，父亲将他叫到房间询问了起来。男孩将刚才发生的事情和盘托出，父亲皱起了眉头。只听父亲语重心长地说：“你怎么能逃走呢？你应该留在那里，等轿车主人出现后道歉，许诺人家一定会赔偿损失。”

见儿子一脸愧疚的样子，父亲目光坚定道：“你应该第一时间告诉我的。现在咱们就去找物业，先查清楚那是谁的车。”

男孩无意碰坏了豪华轿车，当时并没有人看见。但是这位父亲却让男孩主动地去承认错误、担负责任，让男孩明白做错了事情是不能逃避的。

家长在培养孩子责任感的时候，不能因为孩子犯了错误就严厉地指责孩子，这会让孩子更加惧怕去承担犯错的后果。家长应该与孩子一起面对，在孩子逃避责任时及时制止。人只有承担责任，才能走向社会，面向未来。

那么在现实生活中，家长具体该怎么做呢？

1.家长不要主动为孩子找借口。

有些孩子总是不能将一件事情从头负责到尾；有的孩子对别人态度冷漠自私；还有的孩子一遇到困难就落荒而逃……

面对孩子的这些表现，家长们却不以为意，只是一再强调："我家孩子年纪还小""小孩不懂事很正常"等等。家长若总是"包庇"自家孩子的行为，孩子永远也长不大。

2.用名人或英雄事迹唤起孩子的责任心。

家长不妨多和孩子讲讲历史英雄勇于担当责任的故事，让孩子在故事中成长。比如"负荆请罪"背后的故事，或两弹元勋邓稼先的英雄事迹等。

3.督促孩子履行曾许下的诺言。

但凡孩子答应过别人的事情，家长应及时提醒孩子认真对待。千万别将孩子的话当成"过家家"，纵容孩子一再言而无信。

4.对于孩子的"告状"应理性应对，不护短。

曾有一个小女孩回家后指着自己被弄脏的新衣服对母亲告状说："都怪她们，把我推到水坑里，衣服才会被弄脏。"

母亲并未被这话挑起情绪，待她弄清事情原委后对小女孩说："如果你不乱拿别人的东西，别人怎么会把你推入水坑呢？这件事你们都有责任。"

作为家长，不要一味地偏袒自家孩子，更不能让孩子养成怪罪别人的习惯。听到孩子的告状，家长应先将事情的原委调查清楚，点明自家孩子行为失当之处，再去追究责任。

孩子是否能够成长为一个有责任感的人，家长的态度是关键。家长除了要起到榜样的作用，还应该将培育孩子的责任心当作一项长期任务，并持之以恒地实行下去。

让孩子爱上表达，敢于表达

生活中，一些妈妈为了逗孩子说话，经常会问孩子“肚子饿不饿，冷不冷”等简单的问题。可是这种问答模式却难以有效锻炼孩子的语言能力。家长不妨换一种方式，引导孩子主动交流。比如说：“我们今天吃些什么呢？你有好的意见可以推荐给妈妈吗？”

春日午后，妈妈带着璐璐来到公园里。妈妈对璐璐说：“春天来了，我们身边的很多事物都悄悄地发生了变化。你能发现有哪些变化吗？”璐璐观察了一会儿，奶声奶气地说道：“花都开了，好香啊！”见妈妈露出赞许的表情，璐璐越发兴奋起来。

她指着不远处的湖泊说：“冰都融化啦。还有小草变绿了，柳树发芽了，大家都脱下了厚厚的衣服……”璐璐越说越流畅，找到的细节也越来越多。

这位母亲用直观形象的方法激发出璐璐的表达意愿。在日常生活中，家长为了培养孩子的语言表达能力，不妨“就地取材”，时刻引导孩子去多看多说。

孩子的语言表达能力包括口语能力、发音能力和流畅、敏捷、精确地表达所思所想的能力。良好的语言表达能力对于孩子的大脑发育及思维逻辑的加强有着非凡的意义。

1岁多的孩子正处于牙牙学语的阶段，家长从这时候开始就要有意识地训练孩子的语言能力。从发出单声直至孩子完整说出一句话的过程是无比漫长的，家长要保持耐心。

2到3岁之间的孩子大脑皮层中的语言中枢逐渐趋于成熟，家长一定要利用好这个时期，多与孩子交谈，保持“嘴不停歇”的状态，帮助孩子提升词汇量。

有些内向的孩子不善于表达，这与家庭的养育方式有关。比如说，有些老人带大的孩子一般不爱表达自己。原因是孩子较少接触外界环境，或家庭成员相对较少。内向虽然不是个缺点，但过于内向却会对孩子之后的社交造成消极影响。

还要注意的是，家长千万不要给孩子贴上“不会说话”的标签。很多内向的孩子内心往往敏感又丰富，想法很多，他们只是不知道该如何表达而已。有些孩子之所以变得越来越不爱说话，可能是因为他们在这一方面受过挫折。这时候，家长应该进行反思：

有没有在孩子说得兴高采烈的时候，摆出一副不耐烦的表情？孩子说错的时候，是否粗暴地打断过他？有没有嘲笑过孩子贫瘠的词汇量乃至他的发音？

家长应该成为孩子最好的听众，始终和孩子进行平等的交流。那么，家长在每天的生活中该做哪些具体的事情来提高孩子的语言表达能力呢？

1. 和孩子一起听歌唱歌。

通过歌曲来让孩子接受和掌握语言是一个好办法。家长不妨隔一段时间就教孩子学会一首新歌，那些歌词会随着悦耳的旋律深深印入孩子的脑海里。

2. 不要让孩子生活在单一的环境中，多带孩子出去走动。

表达能力出众的孩子往往有着超出同龄人的知识面及不俗的见识，这都是家长平日有意识引导的结果。老是让孩子待在同一个环境里，会对孩子的语言能力、学习能力产生负面影响。多带孩子去动物园、博物馆、海洋馆等地玩，能激发孩子的求知欲和表达欲。

3. 帮助孩子养成阅读的习惯。

家长不妨让孩子很小的时候就开始读书，这会对他们的语言表达能力起到极大地益处。从配有插图的彩绘本到以大段描述为主的文学类书籍，孩子的精神世界越发丰富，越能表达出充满趣味的见解。

4. 让孩子从“争吵”开始，爱上表达。

有一类特殊的案例中，出现这样的情况：无论家长怎么诱导，都无法让孩子打开心扉、坦诚相对地表达感情。面对这样的孩子，普通的方法难以起到作用。家长不妨利用“吵架”来“疏通”孩子的情绪，激发孩子的表达欲望。

刘静气呼呼地对儿子说：“都怪你不收拾好玩具，害得妈妈跌了一跤。”只见小家伙不服气道：“之前我把玩具都收到柜子里去了，是妈妈你自己拿出来给妹妹玩的，根本不怪我……”刘静连忙道歉。她见儿子有理有据、条理清晰地表达出事件始末，不由心里暗喜。

吵架并不可怕，可怕的是孩子受了委屈却不敢言明。但凡对孩子成长能起到正面影响的方法，家长都可以适当地借鉴。当然，家长运用这一方法的时候要注意引导孩子的情绪，见好就收，千万别“假戏真做”。

第四章

情绪控制，彰显孩子良好的教养

方法总比困难多，让孩子正确对待畏难情绪

孩子害怕做某件事情，或者对自己做的事情没有信心；面对家长的要求总是能躲就躲，能藏就藏；哪怕对于喜欢做的事情，孩子一旦产生畏惧的情绪，便怎么也做不好……长此以往，孩子很可能会变得懒惰起来，家长不给做的，自己就不做。

遇到困难总是退缩或者一味地依赖他人，这样的心理被称为“畏难”。比如，孩子一遇到点小麻烦就马上放弃，如果事情稍微有点难度就不会去尝试。

有的孩子背课文的时候，还没背两句便红了眼圈，之后将书一扔，说不想背、背不了。

有的孩子做作业的时候，最怕碰见数学口算题，见了就要逃避。虽然在家长的引导下，也能全部做对，但还是闷闷不乐。

有的孩子上完钢琴课回来后，哭得嗓子都哑了，反复抱怨着钢琴太难，自己不会。之后家长再怎么督促，他都不肯去练习。

孩子为什么会产生畏难情绪呢?

一方面是因为孩子对家长要求的事情不感兴趣，缺乏主动性；另一方面与家长的“高要求、严标准”有关。如果孩子怎么努力也达不到家长的要求，他们奋斗的激情就会慢慢冷却，挫败感接踵而至。连成人都会因此质疑自己的能力，孩子更会不知所措。

有的家长习惯给孩子设置过难的任务，当孩子没有达到要求，就会训斥孩子笨、懒、胆小等。如此一来，孩子越发沮丧，更丧失了面对困难的信心。

喜欢溺爱孩子的家长也很容易培养出有畏难情绪的孩子。家长不愿意孩子“为难”，渐渐地，孩子也会对家长产生严重的依赖心理，缺乏独立思考的能力。

畏难情绪相当于一个危险的信号，家长要处处留心。一旦发现孩子有这方面的表现，就要及时采取措施，帮助孩子度过成长的“危险期”。

想疏导孩子的畏难情绪，家长自己得对这天下事的难与易有清晰的认识，之后才能将正确的道理灌输给他们。清朝学者彭端淑就是这样做的。

彭端淑曾对自家子侄们反复强调道：“这天下事有难易的区别吗？去做，难的事情也会变得容易；不做，容易的事情也会变难的；去学，难的事情也会变得容易；不学，容易的也会变得难。”为了印证这个道理，彭端淑还说了一个故事。

有两个和尚都想去南海朝圣。富和尚花了几年的时间去准备，却因畏惧海水滔天一直不敢出发。穷和尚做出决定之后就开始行动，仅凭一瓶水、一只钵，步行至南海。

彭端淑遵循着这样的理念，培养出了很多优秀的子侄、门人。所以说，解决孩子畏难情绪的关键，在于家长和长辈的细心呵护和耐心引导，这能对孩子的一生起到举足轻重的作用。

想要帮助孩子战胜这种负面情绪，家长可以尝试着从以下几个方面做起：

1. 从励志故事中汲取“营养”。

哪有不喜欢听故事的孩子？家长讲尽了大道理，效果却不如一个故事来得明了。讲故事的时候，家长要给孩子营造一个温馨的氛围，一边向孩子娓娓道来，一边和孩子讨论。比如《愚公移山》《精卫填海》等；或者西方童话中的《丑小鸭》《阿里巴巴与四十大盗》等。

2. 及时安抚孩子的情绪。

孩子遇到困难可能会苦恼、哭闹，这时候如果家长一再逼着孩子迎难而上，孩子的情绪就会进一步崩溃。

正确的做法是立刻安抚孩子，给孩子强有力的支持。经验丰富的家长除了会及时安慰孩子，还会利用种种小技巧去转移孩子的心情。比如说，说一个小笑话，陪他们玩个游戏等。

3.先将目标定低一点，再逐渐提高。

比如说，有些孩子害怕数学，那就先鼓励他们考及格就好。等孩子跳过了这个“坎”，再将要求步步提升为70分、80分、90分。而不是一开始就要求孩子考满分，应该让孩子有个适应的过程。

4.跟孩子说说自己曾经失败的经历。

家长可以和孩子谈谈自己小时候害怕的事情或年轻时候失败的经历，向孩子描述一下自己的感受和情绪。着重谈谈自己是如何走出失败的阴影的。这其实是在告诉孩子：失败并不可怕。而这些都会成为孩子将来面对失败的信心和经验。

美国心理学家卡尔·罗杰斯曾提出无条件积极关注。这对家庭教育的重大意义在于，让孩子每时每刻都能感受到家长的爱，这样能促进孩子健康成长。无条件积极关注是在提醒家长，哪怕孩子自身行为不理想，也不要放弃对孩子的关注、尊重和理解。

畏难情绪会让孩子习惯性地否定自己，而家长的无条件关注却能给孩子带来莫大的鼓励。只要家长足够用心，孩子便会慢慢成长为一个积极面对困难的人。

不暴躁，无论多有理也不能出口伤人

孩子不顾旁人、不讲道理地哭闹、尖叫，尤其在公众场合，让一旁的家长实在无地自容。这种情况下不应该把一切责任都推给孩子年龄还小、不懂得控制情绪。家长应该想想自己的脾气是否够好？心理咨询师武志红说："情绪善变的孩子，可能是他们有着情绪起伏不定的养育者。"家长帮孩子处理情绪的前提是自己要有稳定的情绪承受力。

郎朗的父亲曾回忆起自己早年陪儿子练钢琴时候的场景，他说："孩子小时候学琴基本靠哄。8岁开始，有时耍赖，我控制不住情绪会骂他，孩子也用大喊大叫来抵制我。时间一长，父子俩争执的越来越猛烈。我便想，不行啊，这样下去会成为仇人的……"

于是，郎朗父亲开始反思问题到底出在哪里。郎朗的钢琴老师委婉地告诉他："孩子的情绪其实是一种自我保护。"郎朗父亲不由感慨道："原来想要教好孩子学琴，我先要管理好自己的情绪……"

有的家长在教育孩子的过程中，很容易陷入一种错误的模式。家长劳心劳力，脾气变得越来越坏。孩子受到来自亲人坏情绪的波及，也变得尖锐偏激起来。所以说，孩子如果脾气暴躁，家长应该反思，孩子的暴脾气会不会是继承于自己。

家长在抱怨孩子不懂事之前，要先照顾好自己的情绪，别让自己变成一个阴晴不定的父亲和一个暴跳如雷的母亲。在斥责孩子出口伤人之前，先做到不任意用言语谩骂孩子。

除了家长的“言传身教”会让孩子继承暴躁的情绪以外，家长的“言行不一”、承诺好的事情老是做不到，也会让孩子动不动就发脾气，变得越来越任性。

孩子再小也别轻易骗他们。家长如果屡屡失信于孩子，相当于在孩子的人生道路中埋下了一颗“地雷”。等到有一天，孩子习惯性用一些充满恨意的话语来表达失望的情绪，或者粗暴地对待家长的时候，一切都追悔莫及。

浩浩过生日前，爸爸来到他的房间，问他想要什么礼物。浩浩却冷冷说道：“我想要的你买不起。”爸爸听后气不打一处来，“你是什么意思？敢顶嘴了？”

这句话像是点燃了一个“炸药桶”，浩浩将书桌上的一摞书扔到地上。看着儿子委屈得双眼闪着泪光，爸爸说：“我记得你以前是一个乖巧听话的孩子啊……”浩浩冷冷地说：“那是因为我傻，老是傻乎乎地相信你的话。前年过生日，你答应了要带我去北戴河庆祝，结果当天你说你要加班。去年你说要买新的航空模型给我当生日礼物，结果你将这件事忘得干干净净……”

美国教育专家珍妮·艾里姆说：“孩子的身上存在缺点并不可怕，可怕的是作为孩子人生领路人的父母缺乏正确的家教观念和教子方法。”

家长以身作则、言行如一，并控制好自己的情绪，可以给孩子树立一个好榜样。家长如果只想着“以暴制暴”，孩子只会变得越发独断专行起来。

为了帮助孩子减少或停止发脾气，并学会适当地表达自己的意愿，家长具体可以这样做：

1.和孩子谈心，了解孩子闹情绪背后的原因。

孩子大喊大叫、顶嘴、发脾气总是有原因的，家长不妨将孩子拉到一边沟通，说说心里话，而不是粗暴地训斥。

2.用一些小游戏代替粗暴的体罚。

这些小游戏其实指的是一种科学训导的方式。比如说，家长可以记录下孩子发脾气的频率，跟孩子约定好，超过几次就取消某项“福利”。家长要在日常生活中就给孩子立规矩，而不是在孩子不听话时一味体罚孩子。

3. 找孩子信任的、有威信的人来“镇场”。

妈妈若性格软，约束不了孩子，那就去搬救兵来镇场。比如一向严肃的爷爷或者爸爸等。这样，孩子比较容易服从管教。

4. 在孩子暴跳如雷的当下，选择冷处理。

有些孩子一气之下也许会口不择言，若是家长不依不饶地和孩子计较，只会将彼此的关系越推越远，不妨选择冷处理。当孩子冷静下来后，自然会感到自己当时的情绪过于激烈，甚至会感到愧疚。另一种情况是，孩子发脾气的同时其实也在偷偷观察家长的反应，这时候家长若不理不睬，孩子反而会觉得无趣。

5. 孩子及时控制住脾气后，不要“吝啬”赞扬。

孩子表现得好，家长要及时赞扬他们、鼓励他们，以此来巩固、强化孩子的适宜行为。

家长千万别认为孩子爱发脾气是天生的。通过后天环境的培养和大人有意识的训导，孩子会逐渐掌握控制情绪的能力。当然，对于不同性格的孩子不妨采取不同的亲子互动方式，循序渐进地改善亲子关系。

不自卑，每个孩子都有自己的长处和短板

孩子不喜欢说话，尤其不愿意和同龄人交流；孩子不愿意参加互动游戏或是一些比赛，就算有问题也不敢举手提问；别人的一句玩笑就能引起孩子的恐慌，孩子自己也不敢和别人开玩笑；孩子没有自己的主见和想法，再小的事情也希望家长做主……

生活中，如果孩子有了这些表现，家长一定要重视。因为孩子已经遇到了成长路途中最大的“拦路虎”——自卑。

室内游乐场里，莉莉一个人蹲在角落里发呆。妈妈一边打电话，一边看着她。只听妈妈喋喋不休地跟爸爸抱怨说：“你自己女儿的个性你还不清楚？她太胆小了，根本不愿意和其他小朋友在一起玩。”一旁的莉莉看了妈妈一眼，将头深深地低了下去。

挂掉电话后，妈妈对莉莉说道：“莉莉，去和别的小朋友玩会儿吧。”莉莉摇了摇头。妈妈看了看四周，无奈地说：“你看那些小朋友又会唱歌，又会跳舞，说话又甜，你要多和她们在一起玩，也许就能变得像她们一样了呢？”莉莉小声道：“我不想去。”

妈妈皱起眉头说：“说话声音大一点，像蚊子哼哼似的。”听到妈妈的话后，莉莉眼眶里蓄满了泪水……

案例中妈妈并不了解莉莉实际上并不是胆小，而是正处于深深的自卑中。孩子自卑往往有着各种各样的原因，但这些原因大多与家庭息息相关。

有的是因为家长教育不当，动不动就对孩子“横挑鼻子竖挑眼”。在这种氛围中长大的孩子，往往无法正确认识自己的能力。久而久之，孩子的长处隐藏了起来，短板却日益突出。

有的是因为孩子成绩不好，接收到的几乎都是负面评价，或者身体不好，遭受到了同学的歧视，慢慢就会变得非常自卑。一些争强好胜的孩子若在竞争中遭受到了挫折，留下了心理创伤，性格中自卑的一面便慢慢显现出来。

家长要给孩子成长的机会。哪怕孩子身上缺点多多，家长也要“独具慧眼”，帮助孩子挖掘身上的优点和潜力。来自最亲的人的肯定与信任，对孩子而言意义非凡。这是孩子建立自信的第一步。

家长在教育孩子的时候，首要的任务就是让孩子正确对待他人的评价和期望。

孩子的世界如此单纯，若接收到的正能量多于负能量，他们在成长的过程中便会朝着自信、开朗、阳光的方向前进。反之，孩子便始终无法挣脱自卑的阴影。家长要尽早给孩子打“心理预防针”，告诉孩子，无论别人对他的看法如何，都不能决定他未来会成为一个什么样的人。

小男孩从小说话磕磕巴巴。小伙伴们总是摆出滑稽的表情，学他说话的样子。渐渐的，小男孩越来越不爱说话了。

有一次，小男孩在餐厅里点了一份三明治，可服务员却给他上了两份三明治。儿子磕磕巴巴地解释起来，在瞥见服务员脸上玩味的表情后，他瞬间闭了嘴。

母亲将这一切看在眼里，她笑着对他说：“别在意别人说什么。你有点口吃，正说明你聪明爱动脑，而你的舌头总是跟不上你聪明的脑袋瓜罢了。”

在母亲无微不至的关怀和鼓励下，小男孩逐渐变得阳光起来。他再不惧于在众人面前说话，反而爱上了演讲。

这个小男孩正是杰克·韦尔奇。长大后，他成为美国通用电气公司的董事长。

韦尔奇一直说，自己的自信心正是得益于母亲的鼓励，这堪称母亲送给他的最珍贵的礼物。

家长与其对孩子的缺点耿耿于怀，倒不如针对孩子的优势“大做文章”，如此才能帮助孩子逐步消除自卑心理。具体的策略如下：

1. 不要总和孩子说成绩，多和孩子谈天说地。

很多家长与孩子谈论的话题总是围绕着孩子的学习成绩打转。孩子一回家，第一句话就是：“今天又闯什么祸了？”“认真学习，别让我发现你偷懒！”……孩子本来高高兴兴回家，听到家长这样说话，立马就不开心了。长此以往，孩子会变得不相信自己的能力，越来越自卑，拒绝与家长交流沟通。平时多和孩子聊一些正面的、有趣的话题，这样可以让家长及时了解孩子的心理状态，孩子也能通过这种交流增长视野。

2. 从说话音量、走路姿势入手，改变孩子的心态。

不自信的孩子说话往往吞吞吐吐，不够大声。他们的眼神向来不敢直视别人，走起路来也是松松垮垮。家长要耐着性子，反复矫正孩子说话的方式和走路的姿势。直到孩子说起话来自信坚定，走起路来昂首挺胸。

3. 帮助孩子建立一个“成功档案”。

为了让孩子多一点成功的体验感，家长应该将孩子每一次小小的进步、每一次正面的表现都记录下来。这个过程中，自卑会被赶跑。更重要的是，家长可以多带孩子重温过往的成功，用来驱赶他们内心深处不自信的阴影。

4. 不妨采取“逆向比较法”。

有些家长在诉说其他孩子优点的时候，还会顺带着将自家孩子的缺点批评一通。孩子的优点也会在这种比较中变得黯淡无光，进而让孩子慢慢走向自卑。其实家长不妨采用逆向思维，将别人家孩子的缺点与自家孩子的优点作比较，让孩子挣脱“羡人之长，羞己之短”的负面心理。

如何做个好家长？最简单的方法就是“蹲下来”，站在孩子的角度上去看事情、去思考问题。不要总认为孩子的看法幼稚、孩子的期盼不重要。家长要始终以欣赏的目光去看待孩子，并积极引导孩子正确认识自己的长处和短处。

不冲动不急躁，教孩子有耐心地面对一切

没有耐心的孩子在玩游戏的时候抓抓这个，看看那个，做什么都是有始无终、三分钟热度。家长不免烦恼："我给你报了钢琴、美术、长笛各种培训班，怎么你一个都坚持不下去呢？"

有的孩子一旦发现自己的要求没有得到满足，就很容易失控地尖叫、大哭。家长要想纠正孩子的这种表现，就首先要克服自己身上冲动与急躁的情绪。

妈妈骑着自行车载着欢欢过马路。红灯亮了，妈妈停下来，烦躁不堪地抱怨道："这条路红灯也太多了吧。"欢欢摸着饥肠辘辘的肚子，问妈妈道："妈妈，我饿了，想吃巧克力。"妈妈不耐烦地从包里掏出一包巧克力，撕开包装纸，掰了一块递给欢欢。欢欢津津有味地吃着。

绿灯亮了，妈妈骑上车就走。欢欢手上的巧克力还剩下大半，紧紧地攥着，不停地说："妈妈，等我吃完嘛！"妈妈急了："吃什么吃，赶紧走！"欢欢却闹了起来："不嘛不嘛，我现在就要吃！"

妈妈把车子停在路边，平复自己急躁的情绪，慢慢地跟欢欢说："妈妈刚才为了早点回家，太着急了。妈妈骑着车过马路的时候需要注意来往的车辆，要不然会很危险。这里不适合吃东西，等妈妈带着你回家后，你就可以安心地吃巧克力了。"欢欢听了之后，不闹着吃巧克力了，乖乖地跟着妈妈过马路。

家长想要孩子能够保持耐心的前提是自己也不要随便对孩子发脾气，不该被孩子的情绪所影响。

面对孩子的急躁，家长应该循循善诱，千万不要太过于强势和冲动，否则只会起到反作用。日常生活中，家长要始终保持平和、正面的心态，不断提升自身的修养，不断加强自我克制的能力。

随着社会节奏不断加快，一些白领家长已经将催促孩子快一点变成了一个口头禅。孩子稍微磨蹭一点，家长就会骂骂咧咧、火冒三丈。

可是家长却没有意识到，孩子的世界与大人截然不同。大人从起床穿衣到洗漱完毕也许要不了十分钟，而孩子可能需要花费半小时才能完成这些事情。所以，家长一定要对孩子多点理解。

孩子耐心不够，是有科学解释的。3到4岁的孩子正处于一个“怪毛病”层出不穷的特殊阶段。首先，这一阶段的孩子内心十分敏感，通常表现为情绪多变，喜欢哭闹。

在家长看来，孩子这般任性不讲理，显得很“自私”。家长的管教经常能引来孩子剧烈地反抗，就在这一场场“拉锯战”中，家长和孩子互不相让，耗尽了彼此的耐心。

家长若忽略了这一时期的“耐心教育”，随着孩子渐渐长大，没有耐心、遇事冲动急躁会成为他性格中最大的缺陷。孩子也从此被负面情绪所绑架。

曾有一条父亲吐槽孩子写作业的朋友圈引来了网友的热评，那位父亲是这样说的：“陪儿子写作业到五年级，然后心梗住院了，做了两个支架。想来想去命重要，作业什么的就顺其自然吧。”原来孩子在书桌前总是坐不住，还没写几分钟就走神了。

这位父亲总是连吼带骂，每一次都被气得心口疼。就这样闹腾了几年下来，父亲彻底失去了耐心，而孩子最后也没能端正态度，依旧是一坐到书桌前就烦躁无比……

这位父亲如今才想到要“顺其自然”，当初他若能以这种平和的态度去教育孩子，也不会酿成今天的苦果。“耐心教育”一定要趁早，从幼儿期开始就有意识地去引导孩子进行自我控制，让孩子形成这样一个根深蒂固的印象：耐心等待是容易的事情。

家长可以尝试着运用以下几个小窍门来让自己的孩子变得更有耐心：

1. 自言自语法。

让孩子小声地将游戏规则和目标说给自己听，能够帮助孩子平复急躁的情绪，调整失当的行为。家长平时应该将这个方法教给孩子，让家长没有陪伴在身边的时候，孩子也能够自我调整情绪。比如说，孩子在心里对自己说：“别急，下一个才是我。”“先数60秒。”……这个小窍门会让孩子的情绪调整能力逐渐加强。

2. 孩子等待时，和他们做一些小游戏。

孩子不耐烦的时候，家长可以运用各种小游戏将孩子的注意力转移到他们感兴趣的事情上去。比如说，鼓励他们背一首古诗，唱一首儿歌。

有些经验丰富的家长会在这个时候和孩子玩“猜猜看”的游戏。让孩子选出一个东西，再描述它的样子，家长通过孩子的描述猜它是什么。还有的家长会让孩子从周围的环境中找出一些有特殊特征的事物，比如说，在有字的墙上让孩子找出自己能够认出的字等等。

玩这些小游戏的目的是为了转移孩子等待时那种不愉快的体验，让他们觉得等待也可以是一件充满乐趣的事情。久而久之，孩子的耐性便逐渐提高。

挡在孩子和家长面前的是同一座大山，它叫作“冲动、急躁的情绪”。动不动就对孩子发火的家长，也是改造对象之一。所以，家长应和孩子站在同一阵线上，一起努力，直至最终战胜这种负面情绪，成为更有耐心的人。

遇事从容，做一个不焦虑的孩子

“妈妈，我心情不好。”

“你小小年纪知道什么是心情不好吗？”

“妈妈，朋友都不和我玩了。”

“这有什么大不了的？一边玩会去，一会儿你就活蹦乱跳了。”

……

这样的对话在很多家庭中时时上演。孩子都是无忧无虑的吗？孩子的情绪，是否真的不值一提？当然不是。其实，孩子的忧虑是切实存在的。只是因为有些家长一味地站在大人的视角去俯视孩子的世界，想当然地以为孩子都应该是快乐的。

大人们不得不为挣钱养家而奔波不停，琐碎的家务事、儿女的教育问题让家长们忙得焦头烂额。孩子虽然不需要承担这些，但孩子也有孩子的烦恼。

孩子的心结若无法解决，会越积越多，就会和家长一样，患上名为“焦虑”的情绪病。当孩子产生忧虑的时候，就需要家长及时介入，为孩子提供科学的疏导和帮助。

孩子到底在忧虑些什么？孩子的忧虑跟他们年龄和所处环境的改变有关。处于婴幼儿阶段的孩子在与妈妈分离之后，往往会歇斯底里地大哭大闹，大人们怎么哄都无用。

这其实是“分离焦虑”惹的祸。分离焦虑常常发生在学龄前儿童身上，它指的是孩子与最亲近的人分开时产生的一种焦躁不安的情绪反应。

等孩子到了青春期时，他们一般担心的问题都与学习、考试有关，包括自身生理、心理的变化，与朋友之间的相处等。再大一些的孩子开始为学校里、社会上的一些负面新闻忧心忡忡。随着孩子视野的开阔，他们焦虑的问题会变得复杂起来。

为了帮助孩子克服焦虑情绪，家长要尝试去做以下几件事：

1. 让自家孩子多与同龄小朋友接触。

等孩子一岁的时候，家长不妨增加孩子与同龄儿童接触、玩耍的概率，比如多带孩子去游乐园等地方。

2. 随着孩子渐渐长大，增加和孩子短暂分离的次数。

当然，前提是要确保安全。比如说带孩子去奶奶家后，家长先躲起来，观察孩子的反应。这都是消除孩子分离焦虑的办法。

3. 对孩子的日常表现出浓厚的兴趣。

这能让孩子产生受重视、被支持的感觉。当孩子沉浸在痛苦中时，家长应默默陪伴在一边，这能让孩子对战胜困难产生笃定感。

4. 对孩子说“我们来一起解决问题。”

孩子若对某件事感到焦虑，家长不妨引导并帮助孩子找出问题的答案。明智的家长会遏制住直接帮孩子处理问题的冲动，为孩子好好剖析问题的实质，跟孩子一起制定解决方案。

5. 保证孩子的睡眠，别给孩子过度施压。

孩子情绪出现反常的时候，家长再贸然给孩子增添压力，无疑会加剧孩子的焦虑情绪。告诉孩子要用平和的心态应付来自生活、学习中的压力，同时保证孩子有充足的睡眠。闲暇时候，带着孩子做一些户外活动，纾解孩子压抑的心理。

牛牛的爸爸发现儿子这段时间总是闷闷不乐的，连吃饭的时候都在叹气。

一天晚上，爸爸拉着牛牛坐在沙发上谈心。爸爸一番旁敲侧击，才弄清事情的原委。原来牛牛和同桌闹别扭了，同桌便联合其他小朋友将牛牛孤立了起来。

爸爸下意识地想要向幼儿园老师打个“小报告”，或者联系同桌的家长“告状”。但他还是压下了这份冲动。爸爸和牛牛讨论了一晚上，终于得出了一个解决方案。第二天放学回家的时候，牛牛兴高采烈地说："爸爸，我们的方法起效果啦。您说的对，之前的事是我不对。我早上一到教室就去和庆庆道了歉，我们和好啦。然后庆庆和大家也都向我道了歉……"

"最好的教育其实是父母的言传身教。"家长若是一遇到压力就情绪崩溃，或者只能看到生活中阴暗的一面，孩子就更无法从容起来。

孩子焦虑时，如果家长不断嘲讽、唠叨，只会让孩子感到越来越压抑。温馨的陪伴、无条件地支持能让孩子紧绷的情绪松弛下来。家长应该要有意识地向孩子强化正能量，多和孩子讨论开心的事情，积极引导孩子分享过往的成功体验。

当孩子开始嫉妒时，读懂背后的秘密

孩子经常阴阳怪气地提起自己的同龄人，或无故批评、嘲讽对方的言行举止；家长若是夸奖别的小伙伴，孩子会站起来不服气地说："有什么了不起的，我也会啊"……如果孩子生出如此反常的表现，家长就要开始警觉了：孩子是否开始有了嫉妒心理。

妈妈正和四岁的巧巧在院子里玩游戏，邻居家的萌萌跑过来找巧巧玩。妈妈看萌萌十分可爱，便一直和萌萌说话，不停地夸奖她。

这个时候，巧巧却在一旁捣起乱来。巧巧一会儿踢翻院子里的凳子，一会儿拔起妈妈种的花，还抓起一把泥土洒向萌萌。

妈妈见到这个情况赶紧跟萌萌道歉，并狠狠地批评了巧巧。巧巧大哭起来，拉着妈妈的手，说："别再和她说话了。"

嫉妒与羡慕往往只有一线之隔，家长应如何判断？比如说，孩子若见到别人的小花裙很漂亮，对妈妈说希望自己也能拥有一件，这是羡慕的心态；可孩子若总是在纠结为什么对方有，自己却没有，并用种种方法逼迫家长给自己买一件时，这就是嫉妒。

孩子的嫉妒情绪一般与妈妈有关。两三岁的孩子若是见到了妈妈和别人家的孩子互动亲昵，会立马跑过去，要求妈妈抱起自己。虽说这种情绪反应很正常，但家长若是忽略了科学引导，孩子渐渐地就会采取一些过激行为来发泄嫉妒情绪。

和成人不同，孩子的嫉妒具有外露性，有时还带着攻击性和破坏性。比如说，粗暴地拉开与妈妈亲昵的同龄孩子，推、抓对方；想要将别人的小花裙弄坏、弄脏……

导致孩子嫉妒心强的原因有很多，比如，家长反复在孩子面前描述自己欣赏的孩子有多优秀，多讨人喜欢，孩子便会因不服气而产生嫉妒；孩子成长的环境中若充满了猜忌、攀比、互相看不起的氛围，也会在无形中加重孩子的嫉妒心理……

处于青春期的孩子面临着来自生理、心理的多重挑战，再加上繁重的学习任务，复杂的家庭关系，导致他们的心理负担极其严重。与此同时，孩子大脑的神经机制还未发育完全，自我调节能力普遍较差，心态很容易因外界的压力和刺激而失衡。

有时候，外界不恰当的评论也会让孩子产生嫉妒之心。比如说，家长对别的孩子的优点夸大其词，却拿着放大镜去看自家孩子的缺点；老师一味以成绩高低去评判孩子是否优秀，长大后是否有出息；同学之间以讹传讹，不正确的比较等。

有些孩子因为不自信而有了嫉妒的情绪。另一些孩子能力较强，总是受到赞扬和肯定，无形中追逐起完美来，如果哪一次没受到想象中的“重视”与“关注”，内心就会变得不平衡。

家长得保证自己的心态平稳，同时让孩子明白：父母对孩子的爱是无任何附加条件的。家长给孩子足够多的安全感，孩子自然能健康、愉快地成长。

童话大王郑渊洁曾为自己的孩子写了一篇童话故事《父与子》。文中，他这样写道：“我的儿子是一头小猪，这就足够了。我不羡慕别人的猛虎儿子，也不嫉妒人家的千里马儿子，这个世界上绝了哪种生命形式都会导致地球毁灭。”

他的儿子郑亚旗的第一份工作是在超市打零工，尽管如此，郑渊洁却一直在鼓励孩子。而郑亚旗也努力工作，没有任何尴尬和不快。后来他又进入了一家电脑公司，从最底层的员工做起，兢兢业业，一路做到技术总监，没过几年又成立了自己的公司，将事业经营得红红火火……

郑渊洁一直保持着良好的心态，从不把儿子跟别人家的孩子作比较。实行鼓励政策，让儿子健康快乐地成长。要想纠正孩子的嫉妒心理，家长就要为孩子营造温暖包容的家庭氛围。同时得多多称赞孩子，但不能过分夸大孩子的优点，应客观理性。

针对已经产生嫉妒心理的孩子，最好将表扬与批评结合起来。对孩子的进步给予表扬，同时指出孩子的不足之处，以免孩子因过于骄傲而产生“不许别人超越自己”的心理。

孩子若是对别人取得的成绩心怀不满，家长可以用情景扮演或者讲故事的方式跟孩子讲讲别的孩子是怎么取得成功的，平日又是怎样努力的。让孩子对别人付出的过程重视起来。

家长还可以将孩子的注意力转移到其他活动上来，比如绘画、象棋等。或者和孩子一起玩竞技类的游戏，如果孩子输了，利用这个机会告诉孩子“胜败乃兵家常事”的道理。

很多计划生二胎的家长还烦恼于这样一个问题：害怕大孩子会产生嫉妒之心。有些家长认为只要在两个孩子间保持平衡就能解决这个问题。但这种做法往往会引起两个孩子的不满，都认为家长对自己不公平，结果嫉妒之火越烧越旺。

处于不同年龄段的孩子渴望的东西截然不同，拥有的权利和责任也不一样。大孩子可能需要更多独立的时间，拿对幼儿的那一套去对待大孩子，明显不合适。况且，每个孩子都有着不同的性格，家长的“一视同仁”，其实是一种懒惰的表现。

家长要做的，是了解自家孩子的内心渴求，正确地去关爱他们。家长想要降低大孩子的嫉妒心，就不要在迎接二宝来临时，在大孩子面前显得太激动和隆重，应用平静的语气告诉大孩子，小宝贝出生后会有很多麻烦，郑重地拜托大孩子以后帮助家长分担。

千万不要在孩子面前说这种话：“你太顽皮了，你看妹妹多乖”“你看哥哥成绩多好，你该向他学习”……这反而会增长孩子间的嫉妒心，恶化他们之间的关系。

在孩子成长的过程中，嫉妒是一个不容忽视的问题，家长要耐心地帮助孩子走出负面情绪的阴影。

不敏感，让内心变得强大起来

孩子过早地“懂事”，习惯了说话前先察言观色；别人的评价往往能将孩子打击得崩溃大哭；写作业慢慢腾腾，生怕字迹不工整或写错了受批评……这些都是孩子脆弱敏感的表现。如何才能让孩子内心强大起来？

张倩的女儿今年7岁了，她总觉得女儿有点儿“玻璃心”。

女儿平时总会因为小伙伴的一句玩笑话大哭起来，动不动就和朋友绝交。在家里的时候，就算女儿做错了事，家里的大人也不敢轻易批评她，一说她不对，她就伤心地掉眼泪。

直到现在，张倩还记得女儿发生在幼儿园时候的一件事情，那天女儿尿裤子了，却一直不敢告诉老师，直到放学回家，一进门就大哭，弄得张倩揪心不已……

张倩的女儿动不动就哭，接受不了一点点批评和指责，这都是过于敏感、内心脆弱的表现。造成孩子这样的原因很大程度上是家庭氛围的影响。有些孩子长期生活在动荡、不和谐的家庭中，逐渐养成了消极悲观的性格，害怕受到指责，害怕和家长分离。为了讨家长的欢心，他们总是会将真实需求隐藏起来，时间长了，就变得越来越敏感。

还有些孩子之所以情绪敏感，是因为家长的高度关注和保护。家长人为地限制孩子外出，甚至切断孩子和外界的一切联系，孩子的承受能力就变得越来越差。

敏感的孩子非常容易察觉到外界的变化。若是幼儿园换了位新老师，孩子会表现得很不适应，吃不下饭，睡不着觉，上课注意力不集中等。这都是不愿接受新事物的表现。

敏感的孩子往往表现得情绪化，与同龄人交往的时候，常常感到委屈、不安、焦虑，动不动就哭。他们特别害怕陌生人，家里来了不认识的叔叔阿姨，便缩手缩脚不敢大声说话。有的孩子会躲在自己的房间里，家长怎么叫都不出来。

一些家长因过于害怕自己敏感的情绪会影响到孩子的成长，反倒变得“疑神疑鬼”起来。他们动不动就给孩子贴标签，总在孩子面前摆出一副恨铁不成钢的样子。可是这样做很可能导致孩子深陷于阴影中，终生难以走出。

曾有一位妈妈向育儿专家倾诉道：“我家儿子今年两岁多，但是感觉他的性格有些孤僻内向，害怕陌生人，也从不让不熟悉的人靠近他。”育儿专家回答说：“孩子才两岁多，怕生很正常。这一阶段是孩子性格形成的关键期，千万不要给孩子扣上性格孤僻的帽子。”

另一些家长总想着要狠下心来去锻炼孩子，让孩子直面外面世界的残酷。他们认为孩子经历得多了就能变得强大起来。然而，这种方式并不适合情绪敏感的孩子。

敏感的孩子需要的是安全感，是温柔的关心与呵护，而不是锻炼。了解孩子究竟遭遇了什么，内心在想什么，疏导孩子的情绪，才是最重要的。

为了帮助孩子摆脱多疑敏感的心理，家长首先要做到放轻松，卸下积压在心头的重担，别把自己的焦虑传染给孩子。试着去避免以下的几种思维模式：

1.“一定要……”

家长太要强，孩子却可能因此变得脆弱起来。因为孩子不是超人，不可能每一次都能达到家长预想中的目标。家长在要求孩子一定要考好、状态好、表现好、不出错的时候，其实是在给孩子心灵堆积过多的“废料”，反而会导致孩子患得患失，表现失常。

2.“完蛋了……”

平时一次小测验、课堂表现都不是什么大不了的事情，家长表现得大惊小怪，原本是想引起孩子的重视，谁知适得其反，孩子一旦过度紧张，就会拿着放大镜去审视自己的言行。久而久之，孩子只会习惯性地放大失败的结果，一点点小事就可能击溃他。

家长在教育孩子的时候，切记不要进行负面引导。比如说，一位女儿在参加校园活动后回家，妈妈无意中问道：“你今天跟谁玩得比较好啊？她没有欺负你吧？怎么看你不太开心？你们班女生没有在背后说你坏话吧？”

家长询问孩子这些话题，是担心孩子吃亏。但这些话却会激发出孩子的敏感情绪。孩子若主动谈起这些话题，怀疑别人对她不友好，家长不要顺着孩子的话说，应该理性地分析，如果没有直接证据，就不要将孩子的情绪向负面引导，而应该说：“这些都是你主观的猜测啊，没有经过证实。若是有人不喜欢你，你该问问他，也许根本没有这回事呢。”

其实，敏感是把双刃剑。很多艺术家、作家都是内心敏感的人，正因为这份敏感，他们反而能够体会到常人无法感知的哲理与美好。高敏感的孩子对于细节的感知力很强，更倾向于完美主义。同时，孩子情绪敏感还意味着他们往往更爱思考，思维能力更复杂、成熟。

高敏感的孩子共情能力也很强，因感情丰富，他们长大后往往更具同理心。所以家长也无须过多担心，努力给孩子营造一个温馨的成长环境，懂得倾听孩子的内心，平时多带孩子接触外界的新鲜事物，让孩子的心情保持自如、舒畅。

孩子“人来疯”，如何满足他的表现欲

有位家长无奈地抱怨道：“每次家里来客人，我家宝宝就疯狂地向大人撒娇，一定要我们答应他的要求。真的好尴尬啊，当着客人面，真的不知道怎么教育他。”孩子“人来疯”行为显得很没有教养，家长虽然觉得丢面子，当着客人的面却不好直接训斥孩子，不管的话，又对孩子的行为感到上火。

妈妈邀请同事来家中做客。客人来之前，宇涵都在乖乖地看着漫画书。等到妈妈将客人请进屋，让宇涵给客人打招呼的时候，宇涵却拿起玩具枪，对着客人“噼里啪啦”一顿乱射。妈妈大声吼他，他却做了个鬼脸跑去了自己的房间。

没过一会儿，宇涵抱着一大堆玩具跑出房间，将玩具扔得到处都是。妈妈和同事聊着天，宇涵却在一旁唱起了歌，还一直缠着妈妈，问妈妈自己唱得好不好听。妈妈不胜其烦，吼了孩子几句，他立马大哭起来……

很多孩子之所以出现“人来疯”的现象，是因为他们的表现欲长期得不到满足。有些家庭要求孩子“食不言寝不语”，甚至一举一动都有着严格的限制，这种过于严厉的管教会对孩子的心理造成压抑。孩子为了满足自己的心理需求，每每选择在外人面前“爆发”。

如果家长平时总是围着孩子打转，无法拒绝孩子的各种要求，孩子的自我意识会特别强。家里一旦来了客人，大人们都在谈笑风生，没空搭理孩子，孩子在心理

上会觉得受到了冷落。于是故意做出一些失去分寸的行为，其实是在告诉大家：别不理我。

有的孩子好奇心强，对外面的世界有着很浓厚的探知欲。由于平时生活比较平淡，孩子会尽可能地抓住一些热闹的场合去表现自己，尝试着与人交往。这种情况下，孩子的“人来疯”不是有意的，只是因为缺乏生活经验，无法把握尺度而已。

很多家长会用打骂的方式让孩子停下来，这会让孩子感到羞愧，并采取更激烈的手段进行反抗。这也很容易给孩子留下心理阴影：家里一来客人我就要“靠边站”。

家长不妨用积极的眼光去看待孩子种种“疯狂”的行为：孩子迫切地想要展示自我，说明他拥有较强的交往动机，这对孩子今后的社会化发展有着诸多益处。当着外人的面惩罚孩子，无疑会对孩子的自尊心造成损伤。

家里突然来了很多客人，见爸爸妈妈都聚在客厅里陪客人聊天，不理自己，浩博不开心了，他在一旁大声道：“动画片要开始了哦！”爸爸不耐烦地打开电视，对浩博说：“你自己看。”浩博撒娇道：“可是我不想一个人看嘛。”

爸爸将他叫到一边，小声地说：“爸爸妈妈现在很忙，我们要招待客人。”浩博噘着嘴，坐在电视机前看起了电视。他将声音调到了最大，吵得客人连连皱眉。爸爸很生气，刚想出言训斥，妈妈阻止了他。妈妈微笑道：“浩博，你不是会唱动画片的主题曲吗？要不唱给叔叔阿姨听？”浩博一听很开心，关掉了电视，当着大家的面唱了起来……

面对孩子的“人来疯”，家长具体可采取以下几种方式应对：

1.“事前约定”“事后教育”。

在客人来之前，家长就要和孩子约定好，孩子若是表现得文明礼貌，就满足他们的一项正当要求。孩子若是“人来疯”，就取消周末外出游玩的计划或者是其他娱乐项目。

等客人走后，与孩子进行及时的交流和沟通。用温和的语气评价孩子的表现，或用讲故事的方式告诉孩子他哪些行为是对的，哪些是错的。

2. 给孩子制造表现自己的机会。

比如家长可以让孩子拿出在幼儿园里获得的奖章，对客人说：“老师说，我家孩子特别乖，是班上最懂礼貌的学生之一……”提前夸赞孩子，等于给孩子上了一道“紧箍咒”。

3. 适当展现权威。

孩子若无法按捺住兴奋的情绪，频频打扰家长和客人的谈话，不妨用严厉的目光向孩子传达自己的不悦。

4. 让孩子参与互动。

在招待客人的过程中，家长别只顾着和客人说话，或忙着照顾其他孩子，也要时刻关注自家孩子的情绪。不妨引出孩子感兴趣的话题，让孩子参与谈话。

平时家长也可以有意识地扩大孩子的交际圈，多带孩子去公园、去听音乐会、观看或参与儿童剧的演出，尽量满足孩子的好奇心及社交欲望，将孩子的生活安排得丰富多彩。

虽然“人来疯”的孩子确实很难受到欢迎，但家长也无须过多担心。因为孩子身上普遍存在着“人来疯”的现象，只是程度不同而已。家长通过合理的引导，完全可以教会孩子如何控制自己的情绪。

理解和尊重，允许孩子表达情绪

孩子情绪起伏不定的时候，有的家长习惯“以暴制暴”，用威胁、恐吓式的话语阻止孩子的无理取闹；有的家长会采取“贿赂”的方式来息事宁人，比如说“别哭了，我带你去游乐园玩”，孩子尝到了甜头，慢慢学会了“情绪勒索”。家长不允许孩子表达情绪，是正确的做法吗?

微博上，一个男孩的故事引起了一阵热议。小时候，他在学校受到了欺负。父母知道后，却声称“一个巴掌拍不响”，让他检讨自己的行为。六年级时他对父母说自己看不清黑板，怕自己近视，父母却臭骂他一顿，说:“谁让你天天玩电脑，看闲书，近视了活该!”

他越长大，越觉得孤独。有一次他忍不住和父母倾诉自己的难过，父母却说:“我们供你吃喝念书，你有什么可烦恼的？天天拉着脸给谁看？”最后，男孩再也不想和父母说话了，父母却又抱怨道:“你怎么这么冷血？和家人一点都不亲近。”

孩子是一个成长着、变化着的独立生命，如果孩子经常被家长忽视情绪，内心没有得到过理解，情绪得不到抒发，就会让性格变得叛逆，甚至对家人十分冷漠。儿童心理学家肯尼斯·巴里西说:“通常情况是孩子在短时间内无法找回状态，痛苦的感觉长时间淹没了他们。渐渐地，失落反抗的情绪占了主导，家庭交流越发陷入恶性循环。”

家长没能给予孩子足够的情感回应，只会让亲子关系变得疏远。孩子要么会将这些负面思想深埋心中，直至它们成为性格中的阴影，孩子渐渐地变得缺乏归属感和安全感，甚至陷入抑郁；要么形成“归咎他人”的思维模式，不从错误中反省学习，反而将一切归咎为外界环境。

其实亲子交流中最有效的武器莫过于接纳孩子的情绪。当孩子遇到情绪问题时，家长要耐心观察孩子的情绪反应，理解他们的感受，让他们明白：哪怕遇到问题，家长仍然会站在他们的立场上给予支持。家长的关注与爱，才能让孩子的内心变得强大起来。

家长的尊重与接纳，会让孩子明白，情绪问题很正常，它并没有想象中那么严重。家长要用理性的态度将孩子引导上情绪管理的道路。时间久了，孩子自会将压力变成动力，哪怕面临挫败也决不放弃希望，并利用一切机会去挖掘潜能。

星星闹腾到很晚也不去睡觉，爸爸注意到她很不开心，便问道：“今天好像过得很不开心，发生了什么事吗？”星星突然情绪爆发，将自己的作业本扔到垃圾桶里。爸爸眉头一皱，刚想发火，想了想还是忍住了脾气。他默默捡起垃圾桶里的作业本，拿来抹布，小心擦起了封面上的水渍。星星在一旁哭了起来。爸爸连忙搂着星星的肩膀，小声安慰着她。

原来，星星今天被老师批评了，她不睡觉、扔掉作业本等种种行为是害怕明天的到来。爸爸和星星聊了半天，还谈起了自己小时候被罚站的事情，引得星星破涕为笑……

家长可以不赞同孩子的负面情绪和反常的行为，但不要一味地阻止孩子情绪的发泄，第一步一定是接纳，再想办法去改变。引导孩子疏导情绪时，家长具体可参考以下建议：

1.用“我懂得的”“嗯”等表示接纳。

这一类简短有力的话语及语气词反而会为家长赢得孩子的信任。同时默默倾听，等孩子情绪渐渐平稳后，再向孩子表达关心，简述立场。

2. 了解孩子的心理界限。

家长不得当的玩笑或行为可能会激起孩子反常的情绪。所以家长最好做到对孩子的心理界限了如指掌。当然，让孩子了解家长的心理界限也很有必要。让孩子意识到：你有权对自己的情绪或其他物品进行自由支配，但必须为自己的选择承担相应的后果。

3. 哭泣其实是一种愈合心灵创伤的有效途径。

孩子在公共场所大哭大闹时，家长要在理解的基础上加以引导；在无人的场合里，要允许甚至鼓励孩子用哭泣的方式来发泄日常生活中积攒的缺憾。

4. 在公众场合给孩子多留点余地。

有的家长会因为孩子做错事而大为光火，却不给孩子改正的机会。有的家长喜欢在公众场合夸大孩子的错误，对孩子的行为进行辛辣的嘲讽。这都是错误的示范。

5. 用想象法化解孩子情绪。

例如，孩子因手里的冰激凌掉落在地而大哭不止，家长需要先耐心劝慰孩子的情绪，再对孩子说："要是妈妈有魔力，朝地面吹一口气，让冰激凌重新回到咱们手中就好了。要不咱们试一试？"这种诙谐的方式一能转移孩子的注意力，二能纾解孩子的坏心情。

教育家蒙特梭利曾说："每种性格缺陷都是由儿童早期经受的某种错误对待造成的。"家长应该允许孩子表达情绪，而不是呵斥、讽刺和辱骂。当孩子的情绪得不到家长的尊重、理解和接纳时，他们就会学会伪装，再不想和家长说心里话。家长要允许孩子偶尔的哭闹、发火，接受并尝试去化解孩子的负面情绪，引导他们积极成长。

第五章

拒绝拜金主义，培养孩子正确的财富观

拒绝拜金主义，让孩子的内在很富有

原本单纯的校园环境中出现了一批青少年“小大款”，本应充满童趣的孩子开始追逐起昂贵的衣服、手机、游戏机……这些现象令人担忧。孩子是缺乏辨别能力的，他们的世界里若是盛行攀比、功利的风气，做任何事情都从利益角度出发，孩子在行为上必然会出现许多偏差。

一位家长曾向当地都市报反映，自己上小学六年级的孩子在暑假期间参加了一场豪华生日宴，当天的小寿星是孩子的同班同学。孩子回家后，一直用羡慕的口气向大人们描述着这场生日宴举办的地点有多高级，同学多有面子。孩子还请求，希望自己也能够在这种规模的酒店里举办一场生日宴会，邀请同学来参加。

家长无奈地说，他明知为这么小的孩子举办高档生日宴不合适，却又怕破坏了孩子和同学之间的关系，让孩子被人瞧不起。

孩子出现拜金主义的心理与他们所处的环境分不开。比如，家长的纵容或者本身的不当行为容易在孩子心中播下拜金主义的种子，助长孩子的攀比之风。

很多家长为了引导孩子实现乃至超越成长目标，会一再实行“物质刺激”的方法。某地一网友曾发帖道：“为了让孩子集中精力好好学习，我给孩子开出了巨额工资。”谁知道帖子发出后，却遭受了很多网友的批评。大家都认为这很可能会让孩子变得势利。

金钱诱惑，或许短期内能看到成效。但家长对尺度不容易把握，稍有不慎，就可能亲手将孩子推入“钱眼”里。有的孩子甚至可能会为了获得好成绩舞弊作假，对家长隐瞒、欺骗。

家长若是自己的虚荣心强，孩子当然会受影响。当家长攀比起车子、房子时，孩子也会在各自的社交圈里攀比起家里的经济实力。

孩子的拜金行为还隐藏着一个深层次的心理原因——孩子内心缺乏安全感，急需他人的关注。当周围的人将目光转移到身边的同龄人身上时，孩子内心会慢慢滋生自卑。当孩子发现金钱能为他们迅速带来优越感的时候，他们便会对金钱的“魔力”深信不疑。

其实虚荣心人人都有，孩子也不例外，所以家长不必过于紧张。家长可以利用日常生活中点点滴滴的小事情，帮助孩子形成正确的金钱观。

六岁的妮妮被妈妈送去了轮滑训练班。班里的老学员和新学员虽然训练项目不同，却都在同一个场地内进行训练。妮妮去了几次后，回来一反常态地要求妈妈给她买更高档的轮滑鞋。妈妈满足了妮妮的愿望，当晚就去商场买了一双价格不菲的轮滑鞋。

谁知几天后妮妮便将新的轮滑鞋扔在一边，嚷嚷着要让妈妈给她买更贵的鞋。原来，训练班的小伙伴们私下里经常议论谁穿的轮滑鞋更贵。妮妮的新鞋曾让她“风光”了一时，可第二天这风头却被另一个女孩抢走了。听到此，妈妈严肃道：“妮妮，就算妈妈再次答应你这个要求，可是一旦别的小朋友买了一双更贵的鞋，你不就又白费力气了。如果你成为班里滑得最稳，姿势最漂亮的孩子，不就没人能夺走你的风采了吗？”

孩子若只关心金钱，对别的事情都失去了兴趣，内心就会慢慢变得苍白、贫瘠起来。家长可以参考以下方法矫正孩子的金钱观：

1. 通过社会新闻或者身边人的事例向孩子传达这样的道理——祸福就潜伏在金钱身边。

家长平时可以多与孩子“科普”这方面的社会新闻，让孩子直观地了解到拜金的坏处。比如有段时间一再发生的大学生欠下巨额贷款，最后下场悲惨的事例。

如果身边人正好发生了类似的经历，也可拿来与孩子讨论。这就相当于活生生的反面教材，比书本上的故事或贪财鬼的文学形象都要有力度得多。

2. 严格控制孩子的消费。

家长平时总舍不得“亏待”孩子，对孩子有求必应。这样却容易让孩子将家长的爱与金钱之间画上等号。家长应让孩子明白：“你花的都是父母挣的钱，你并未创造同等价值的劳动。”当孩子提出了过分的物质要求时，家长应该严词拒绝。

3. 尽量让孩子远离光怪陆离的商业广告，避免产生“连锁反应”。

上海交大心理咨询中心的刘晔萍教授曾坦言：“孩子在占有物质、追求享乐的过程中，将倾向于关注他人而非自我”一些浮夸的、价值观取向有问题的商业广告容易给心理发育不健全的孩子带来负面影响，或一系列连锁反应。

比如说，商业广告引诱孩子用钱来购买奢侈品，以赢得他人的关注。若孩子屡屡在这方面与他人进行比较，却忽视了自我成长，便容易滋生出嫉妒和恨的情绪。这可能会将未成年人引向歧途。

家长平时要在孩子面前有意识地淡化贫富观念，引导孩子努力学习，健康成长。尽量让孩子远离浮躁的商业社会，多带着孩子去参加一些有意义的活动，比如说参观科技馆、博物馆等，让孩子的内在“富有”起来。

让孩子正确认识钱的价值，把钱用在刀刃上

某档综艺节目中，三岁的小朋友替爸爸去超市购物，他“人小鬼大”的表现逗得大伙哈哈大笑。节目播出后，有不少人提出疑问，让这么小的孩子接触钱好吗？孩子又是怎么分辨金钱面额的？其实，让孩子尽早知道钱是什么，从哪儿来，并正确地认识钱的价值，正是家长应该做的事情。

园园从小就爱吃零食，有一次她在超市里闹着不走，希望妈妈给她多买一点。妈妈无奈地说：“咱们出门没带钱，又忘了带手机，下次买不行吗？”

园园一听不开心了，拉着妈妈的手往超市入口处跑去。她们停在入口处的自动取款机前，园园指着高高的机器，对妈妈说：“妈妈，你在那按一会儿不就有钱了吗？”

妈妈哭笑不得，说道：“园园，钱不是这么来的。”园园疑惑不解：“上次我看爸爸按了一会就有钱了啊。”

三岁的孩子开始对钱产生好奇心。虽然孩子并不能真正理解金钱意味着什么，但是他们会根据大人的行为做出判断。在长期的观察模仿中，孩子渐渐地形成了对钱的最初印象：钱能换来任何想要的东西。如果家人不加以正确引导，孩子就会以为只要向家长要，或者从取款机取，就能得到钱，并不知道获得金钱是需要付出劳动的。

所以，家长应该在孩子对钱产生兴趣的当下，开始向孩子灌输关于金钱的教育，让孩子学会理智消费，不乱花钱。家长首先应该向孩子解释钱意味着什么。如果孩子难以从文字和语言上理解这一点，这时候家长可以和孩子做一些“认识金钱”的小游戏。

将不同面额的钱币依次摆放在孩子面前，不厌其烦地教孩子认清并理解面额的大小、人民币的单位（元、角、分）和换算方法（比如说1元＝10角）。

告诉孩子不同面额的钱能做哪些事情。比如说，五角钱能买一颗糖，一元硬币能坐车，十元能买一个小玩具等等。在这一过程中，还能让孩子练习加减法。

等孩子5、6岁的时候，家长应教孩子明白：购买时必须要做好选择，我们无法将所有喜欢的商品都买回家。教孩子学会平衡在所有希望得到的东西中，哪些是最值得购买的。

这一过程中要注意，不要在钱的问题上欺骗孩子。生活中，孩子常常闹着要买玩具，有的家长不胜其烦时，总是会凶孩子“钱都花光了，买不了。”这样的做法容易伤害到孩子的自尊心，也会引起孩子缺钱的恐慌。其实，家长不妨直接告诉孩子：“这个玩具你已经有一个了，再买就是浪费。”“这个商场里的玩具卖的有些贵，在这买不值得，我在网上给你买一个一模一样的。”或者对孩子说：“你想要买这个玩具可以，但是周末就不能去游乐场玩了哦。”

7、8岁的孩子渐渐明白事理，家长不妨告诉这一时期的孩子，钱不是天上掉下来的，要凭借劳动才可以获取。家长可以给孩子看看自己的工资单，在孩子面前算算“经济账”，和孩子聊聊自己工作一天能得到多少报酬，大部分的生活开销花在何处。

平时带孩子外出的时候，家长可以教孩子看懂商品的价格标签。告诉孩子，怎样选购商品最划算。比如说，便利店里不同品牌、型号的矿泉水定价都不同。家长可以鼓励孩子去主动分析不同品牌、型号的优缺点，并挑选出最适合的产品。

这不但可以塑造孩子正确的金钱观，还能让他们明白何为“将钱花在刀刃上”。

妈妈带着宁宁逛超市，走到生活用品柜台时，妈妈发现一款牙膏有两种包装。

一种是三支120克的牙膏组成套装，卖17.9元；而另一种单支包装的牙膏重150克，卖8元。

妈妈灵机一动，问宁宁：“咱们家的牙膏没有了，你说该买哪种好呢？”宁宁思考了很久，说：“买150克的，它量多花钱又少。”妈妈笑着解释说：“宁宁，你想想看，套装三支差不多是18元，一支就是6元。算起来120克的牙膏每支需要花费6元。150克的牙膏每支需要花费8元，转动脑筋就会知道，我们如果多花2元可以多买30克牙膏。那么1元可以买多少克牙膏呢？”

宁宁掰着手指头算了很久，说：“15克牙膏。”妈妈笑了：“宁宁真聪明，可是如果我们买120克的牙膏花6元，相当于1元钱能买20克牙膏。算下来就会发现买三支的套装更省钱哟！”

妈妈引导宁宁计算怎么买牙膏更加的省钱，帮助宁宁学习如何实惠地购物，不轻易地浪费钱去购买不必要、不划算的东西。

让孩子正确认识金钱，家长可以给孩子自主支配零花钱的权力。定期给孩子小份额的零花钱，并规定好零花钱的使用范围。比如，每天的零食和小玩具都在零花钱里，告诉孩子，家长不会再帮助他们购买这些东西，让孩子自己做消费计划。

正确的金钱观不是一味地教孩子攒钱、省钱，还包括“给予”。家长要让孩子认识到，金钱不仅能满足自己的物质需要，而且还可以用来帮助他人。日常生活中，家长不妨带孩子去参加一些公益活动。比如带孩子去捐款现场，让孩子亲手将钱放进捐款箱，或在捐款簿上认真签下自己的名字。

当周围的人一致夸孩子懂事的时候，这种赞扬之声会让孩子对金钱的意义理解得更加透彻。孩子会明白，用钱来帮助别人也能给自己带来快乐和内心的安定。

与孩子一起制订理财计划更容易培养财商

孩子对钱太迷恋，难免会变成一个“小财迷”。可孩子若不把钱当一回事，花起钱来大手大脚，长大后可能会变成败家子。家长为了培养孩子的财商，应该教会孩子如何用钱、管钱，又不被钱束缚，让孩子从小就养成正确的理财观念。

亿万富翁洛克菲勒一共育有五个孩子。虽然他们家的经济条件令普通人羡慕不已，但洛克菲勒却对孩子零用钱管理得特别严格。他一直严格按照孩子的年龄来发放零用钱，一周发放一次。七八岁的孩子每周能领到三个硬币，再大一点便依次递增。

洛克菲勒还给每个孩子都发放了一个小账本，让孩子记下每笔钱的用途。他会随时抽查账本，核对账目。如果账目清晰，用途正当，孩子下周领到的零用钱会多出五分。反之，就会被罚扣五分钱。很快，孩子们就学会了如何记账，如何将钱花在正确的事情上。

很多家长认为理财只是意味着存款或有形投资，却不知道日常开销、收入的管控及个人成长方面的无形投资也属于理财的范畴。理财观念体现在日常生活的方方面面，要想帮助孩子树立正确的金钱观念，家长需要从小就对孩子进行有意识地培养，避免孩子重蹈上一辈的覆辙。

很多孩子往往缺乏自控能力，有钱就花，不会为日后考虑。面对这样的情况，家长首先应该让孩子知道什么是理财，有何意义和作用。在此基础上与孩子一起制定一份科学、合理的理财计划。

理财计划包括综合收支情况、具体的理财目标等内容。家长不妨先发给孩子一本“专属账本”，手把手地教孩子记录和管理每天的收支情况。家长要定期查看、评价孩子理财计划的成果，如果效果显著的话，可以给孩子适当奖励，效果不理想的话应及时教孩子改进。

还有一个小窍门是让孩子养成出门前做行程表和预算表的习惯，这可有效规范孩子用钱的方向。平时家中发生了一些较大的事情，也可酌情让孩子参与筹划，或与孩子一起承办。这些实打实的体验能让孩子迅速理解理财的真实含义。

在孩子成长的过程中，家长可以“就地取材”，随时随地培养孩子的财商，具体可参考以下意见：

1. 空闲时带孩子去银行办一张银行卡。

现在有很多银行都推出了“亲子卡”“儿童卡”的概念，卡面设计得富有童趣。家长带着孩子将办卡、开户这一系列富有仪式感的流程亲身经历一遍，对孩子而言很有教育意义。

当然，这个账户不要闲置。可以帮助孩子在这个账户里存入平时的零花钱、过年时的压岁钱，然后将卡交给孩子，提醒孩子小心保管。当然，密码最好别告诉孩子，以免孩子告诉他人受人欺骗。每次需要存钱、取钱的时候，家长都跟在孩子身边就好了。

2. 在外吃饭的时候，让孩子尝试着去结账。

出门吃饭的时候，不妨准备一些现金。结账前让孩子算一算，应该付给前台多少钱，找多少钱。再鼓励孩子单独去结账，家长待在旁边偷偷观察。

3. 去超市、商场之前，给孩子设置一个“限额”，让孩子制定支配计划。

举个例子，出门前给孩子一百块钱，告诉他：“这些钱你自己支配，透支了的话要接受惩罚哦。你可以买喜欢的玩具，好吃的零食。你算算看，怎么支配合理。”

4. 带比较大的孩子去旅行时，让孩子制定旅行攻略，规划整体预算。

单独制定一份理财方案和活动执行方案的过程，是孩子获得快速成长的机会。

旅游回来后，全家人聚在一起就哪部分设置得合理，哪些差强人意讨论一番。经常与孩子交流理财经验，孩子的眼界会变得越发开阔。

人的一生离不开钱，尤其是在现代社会，个人的理财能力越来越受到重视，对于孩子来说，理财这门课程越早培养越好。家长要善于挖掘和培养孩子理财的理想时间和地点，不要错过好时机。

一定要给孩子零花钱，并让孩子学会花钱

家长经常在为孩子支配零花钱这个问题上感到头疼。把钱都留下，完全不给孩子？这不现实。孩子有孩子的人际交往，用钱的地方也在不断增加。可是多给孩子一点零花钱吧，家长又会担心孩子将钱花在不正当的地方。

妈妈从小梅上小学开始，每个月都会固定地给小梅发放零花钱，数额不多，一般是5元钱。对于小梅怎么花这笔钱，她不会过多干涉。

有一次，小梅买了一个闪闪亮亮的发卡，兴奋地对妈妈说："妈妈，我用这个月的'工资'在同学那里买了这只发卡。"小梅一向称这笔零花钱为"工资"，妈妈笑了笑，没说什么。

晚上，妈妈带着小梅出去逛夜市。小梅突然停住了脚步，好奇地看向一个饰品摊："妈妈，你看这些发卡跟我之前买的那只一模一样。"妈妈指着标价牌"恍然大悟"道："你看这些发卡才卖一元钱一个，你是不是买贵了？"见小梅有些沮丧的样子，妈妈并没有批评她，而是说起了自己的购物经验。

中国青少年研究中心家庭教育首席专家孙云晓说："给孩子零花钱是家庭教育的一个重要方式。"零花钱里蕴含着大学问，家长定期、定量地给孩子零花钱，允许孩子自由支配的同时加以合理的引导，既能激发孩子的自主意识，又能促进孩子理性消费的能力。

有些家长为了防止孩子乱花钱，从不给孩子零花钱。在他们看来，孩子需要买什么，告诉家长一声就可以了，家长自然会给孩子买。至于孩子的无理要求，通通拒绝。

可是这样做的效果会让家长失望。家长干涉孩子花钱，剥夺孩子在消费方面的自由选择，传递出的是一种严重的不信任感。而童年时在金钱方面有过匮乏体验的孩子，长大后很可能会变得锱铢必较、对待金钱会过分吝啬或贪婪。

家长给孩子零花钱的时候也要讲究方式方法，尤其要注意不要将零花钱与孩子分担家务挂钩。很多家长会让孩子做家务活来赚取报酬，比如说：扫地、擦桌子、洗碗、买菜等。

可是这样会给孩子留下一种负面印象：做家务活是一种挣钱手段、是一件苦差事。而家长应该传达给孩子的正确理念是：家务是每个家庭成员应尽的责任和义务。

家长更不能将零花钱与孩子的学习挂钩。金钱产生的学习动力比发自内心的兴趣和责任要薄弱得多，用零花钱激励孩子去提高成绩，反而会增加孩子的投机行为。

家长对孩子的爱，也不能单纯用零花钱去体现。有时候爷爷奶奶为了显示孩子与自己的亲密关系超过父母，会用高额的零花钱来表达。

可是零花钱一旦被打上“收买人心”的烙印，孩子可能就会变得唯利是图。家长不妨召集其他家庭成员开个家庭会议，让大家保证孩子的零花钱只能从一个渠道获取。

孩子有了零花钱后，家长这时候该做的是让孩子学习如何花钱。具体可以参考以下几点：

1.教孩子讨价还价、货比三家的技巧。

家长不妨当着孩子的面同商家讨价还价，让孩子明白商品的真实价值与商家的出价之间并不一定匹配。事后，让孩子指出家长当时表现得好与不好，存在哪些改进之处。等孩子慢慢懂得了这其中的窍门后，鼓励孩子去尝试，这还能锻炼孩子的口语表达能力。

而同一件商品，不妨带孩子多跑跑不同的地方，当着孩子的面比较商品的价格与质量，让孩子学会货比三家。

2. 让孩子负担一定的花费。

和孩子协商好，孩子的生活费、学费、教材费、文具费都由家长支出，但孩子自己的玩具、零食或者送朋友的生日礼物等花费，则需要自己承担。如此一来，孩子才能体会到精打细算、细水长流的意义。家长如果包揽孩子的一切开支，孩子很难产生勤俭节约的意识。

3. 注重“安全消费”教育。

孩子好奇心重，容易被各种花花绿绿的塑料玩具或颜色奇怪的糖果零食等吸引。哪怕孩子花在垃圾食品、劣质玩具上的钱并没有超出预算，家长也要及时干预，因为孩子胡乱消费可能会对他们的身体健康造成危害。

家长在平时要多多告诫孩子，一些来路不明、颜色鲜艳的玩具、零食不要买，或者教孩子辨认食品包装袋上的质量安全标志、生产日期等信息。

生活中，有些孩子有了零花钱后，会产生独占意识，甚至会对家人发出宣言：“说好了我的钱我自己做主，那这就是我一个人的钱，谁也别想打主意。”面对类似的童言童语，家长千万别一笑而过，这会纵容孩子的自私心理。

家长平时要多向孩子传达这样的道理：爱和付出都是相互的，而懂得分享的人更受人欢迎。有位爸爸是这样做的：他平时会特意拿出自己的“私房钱”买礼物送给妻子，并让孩子为自己出谋划策。他的孩子不久后做出了类似的举动——用自己的零花钱买了束花送给妈妈。爸爸的以身作则，让孩子更加直观而深刻地明白了用金钱去创造爱与分享的意义。

赚钱：千言万语都比不上孩子亲自体验

避免孩子拜金主义和鼓励孩子去赚钱并不矛盾。有些家长会在生活中制造一些合适的机会，让孩子亲身体验赚钱的乐趣，这非常值得大家效仿。比如说，当孩子想买一些超出预算的商品时，家长无论是倾囊相助还是无情拒绝，都不如鼓励孩子自己赚钱去买。

沃尔玛创始人山姆·沃尔顿的四个孩子小时候为了买到心仪的物品，纷纷为父亲打起零工。他们会和其他工人一起擦地板，帮忙修补仓库的房顶。晚上，他们还会帮助装卸一些较轻的货物。沃尔顿在核实了孩子们的劳动量后，会根据一般的工人标准给他们支付工资。

美国总统特朗普的女儿伊万卡在父亲的指导和帮助下，6岁就开始买股票赚钱。高中时期的伊万卡出去当模特、四处打零工，后来还成为世界超级名模。进入父亲的公司后，她从最基层的职位做起，一路升任副总，最后还创立了属于自己的品牌……

对于金钱，有些家长可能会这样教育孩子“你爸爸自从有了钱后整个人都变坏了，你不能有样学样。”这样，就会给孩子的心里留下一个“金钱万恶”的印象，导致孩子会对金钱产生仇恨的心理，在成长过程中鄙视生活富足的同龄人，以不正确的心态恶意揣测他人，不利于友好的人际关系。孩子自己也不愿意为了挣钱而努力工作，经济拮据，一事无成。

当家庭作业、课外练习题、老师和家长的叮咛嘱咐成为孩子世界里唯一的主题时，孩子越成长，内心越荒芜。家长不妨为孩子制造一些合适的机会去接近社会，去感受人与环境的互动，这也是为孩子以后进入社会打基础。

可能有些家长会疑虑："让这么小的孩子出去赚钱，肯定会经历许多麻烦，这对孩子的成长难道不会产生负面影响吗？"

孩子年龄越小，越容易受引导。在孩子尝试挣钱的过程中，难免会遭遇挫折，这时候家长的及时介入、鼓励，能帮助孩子更快地调整状态。若家长认为赚钱是孩子成年之后的事情，一旦孩子遭受打击，自我否定感会来得强烈而漫长，反而无法及时走出阴影。

赚多赚少不重要，重要的是体验。家长要尽到看护孩子安全的责任。至于孩子自己赚的钱，让孩子自由支配。家长不要一味地要求孩子上缴，这会打击到孩子的积极性。

2018年，一个在武汉街头卖冰棍的小男孩上了热搜。他叫杨祝捷，刚满九岁，却早已习惯了背着重达10公斤的保温盒，挂着快捷支付二维码的牌子，四处吆喝着卖冰棒。

杨妈妈说，四年前她带着儿子第一次尝试了社会实践。那时候，小祝捷手里拿着一摞报纸，站在马路上一动也不动，小脸涨得通红。杨妈妈见状，找到一位过路的老人帮忙，希望他能去买一份报纸，支持一下孩子。老人欣然同意，不仅买了份报纸，还大声鼓励孩子要加油。小祝捷瞬间变得自信多了，在妈妈的鼓励下，他尝试着吆喝了起来。

如今，四年过去了，小祝捷早已变得经验丰富。他还曾邀请小伙伴一起上街卖东西，每当小伙伴的收益不如自己多时，他总会主动和小伙伴平分销售所得。妈妈问他原因，他骄傲地说："我们是一个集体，每个人都努力了。"

让孩子体验赚钱的办法有很多，具体可参考以下几种：

1.发传单。

让孩子去发传单，可能会收到良好的效果。这是孩子能力范围之内的事情。孩子发传单的时候，家长应该全程关注孩子的表现，确保孩子的安全。

2.收废品。

带着孩子去小区或者附近的街道转一转，捡塑料瓶，再带到废品站去卖钱。这样既能美化环境，又能锻炼孩子，一举两得。

3.摆地摊。

带孩子去夜市上摆摊卖些小饰品，或者卖孩子不玩的二手玩具、童话书，教孩子与顾客交流的一些小技巧，包括销售的基本能力和方法。

仅仅让孩子明白挣钱不易是远远不够的，这只会让孩子的体验仅仅停留在“不能乱花钱”的层面。家长的责任不只是带孩子按部就班地完成这些社会实践，后期更要做一系列引导，才能对孩子起到更深层次的帮助。

举个例子，曾有一位妈妈带着孩子去摆地摊。辛苦了一天，孩子只卖出去两只小玩具。回去的路上，孩子对她说：“原来挣钱这么辛苦啊，我以后再也不乱花爸爸妈妈的钱了。”

这位妈妈立马写了一篇日志，发到了朋友圈，引起了众多好友的点赞、评论。好友们纷纷表示，下次也带自家孩子去体验一下。妈妈觉得这次“练摊”的经历堪称圆满，心里很满意。

而另一位妈妈是公司里的副总，她也带着儿子摆了很多次地摊。每一次回去，她都会引导孩子记录一天“战绩”，让孩子总结、反思自己做的不周到的地方。在妈妈的提示和启发下，孩子变得越来越熟练，赚钱也变成了一件充满乐趣和成就感的事情。

松下幸之助说：“挣钱就是挣公德。”优秀的商业头脑和良好端正的品行并不冲突。家长要鼓励孩子光明正大地赚钱，孩子有了挣钱的体验，能够深刻地明白金钱的意义，自会更加珍惜每一分钱。在这个过程中也锻炼了孩子的实践能力和人际交往能力，无形中增加孩子的成就感和自豪感。

哭穷的父母只能培养出“心穷”的孩子

有些家长去超市前，对孩子千叮咛万嘱咐，“别买贵的，咱们家消费不起。”孩子眼巴巴地看着别的同学背着新书包，家长会说：“我们家跟别人家不一样，你懂事点。”

“哭穷”的家长本意是为了培养孩子勤俭的品质，希望孩子能更惜福、努力。可是，这种教育方式却不利于塑造孩子健康的金钱观，也会对孩子未来投资理财的能力造成不良影响。

美国作家埃德加·布莱索曾将自己年轻时候的经历写进了《一罐果酱》这篇文章中。有段时间布莱索丢了工作，父亲也下了岗，全家人都指望着母亲为别人做衣服的微薄收入生活。

有一次，母亲生病了，无法干活。因为许久未缴电费、煤气费，家里的电和煤气都被停了。那天年幼的妹妹放学回家，开心地说：“能帮我准备一些东西吗，我想明天带去学校帮助那些穷人。”妈妈一时懊恼，正要脱口而出：“这世界上还有谁比我们更穷的吗？”

外婆拉住了妈妈的手臂，示意她不要这么说，并对妈妈说：“如果你让孩子从小就认为自己很穷，那她一辈子都只能是穷人。永远不可能再振作起来。”外婆将自家做的一罐果酱交给妹妹。第二天，妹妹自豪地带着礼物去了学校。多年后，妹妹成了远近闻名的成功企业家。

家长总是有意无意地在孩子面前说“你要努力，长大后赚大钱”，或者当着孩子为了一点利益争吵不休，毫无顾忌地为了占便宜而不择手段，这给孩子带来很大的心理伤害。

有的家长明明有经济能力，却总是给孩子穿亲戚家淘汰的旧衣旧鞋，这其实都是在给孩子灌输金钱匮乏的观念，甚至间接让孩子沾染上了“穷人思维”。

拥有“穷人思维”的人大多自卑又虚荣，对金钱怀有迫切的欲望。在他们小时候，家长只是千方百计地教他们省钱，却从来没教过他们该如何花钱。等他们手里有了点钱后，反而会把钱浪费在一堆无用的便宜货上，到了真正该花钱的时候却不敢花，不会花。

在“穷人思维”阴影下长大的孩子，为了掩饰自己的真实处境，会变得越来越不敢寻求他人的帮助。家长从来没向他们灌输过这样的观念：向人求助其实是一种资源互换。

这样的孩子一方面眼高手低，总是轻易向人许下承诺却又不断失信于人；一方面瞻前顾后，抗打击能力极差，但凡遇到点阻碍，就会选择逃避。更重要的是，他们一定要将钱攥在手里才有安全感，从不敢进行风险投资，以至于屡屡错失良机。

高中时期的李丽从不敢进商场，和同学一起出去逛街时总是畏畏缩缩。工作后的她却一反常态，一花起钱来就失控，是个不折不扣的月光族。她的衣柜里虽然装得满满当当，却都是地摊货。但凡听到哪个购物网站正在打折，李丽一定会去大买特买。

结婚后，她的心态又转变了。她将钱都存在银行里，从不敢轻易投资。等到终于下定决心买房子时，李丽却发现有一笔钱存在银行做了定期理财，暂时取不出，于是买房的计划被搁置了。等到这笔钱到期后，李丽却发现她再也买不起房子了。

李丽一想起这些年的经历就焦虑得睡不着觉。她在网上咨询了心理专家，专家分析说，因为李丽小时候不管想要买什么，父母都会斥责她浪费，而正是这种教育造成了李丽畸形的金钱观，和她如今糟糕的生活……

跟孩子谈钱时，家长一定要注意以下这几点：

1. 别用“买不起”搪塞孩子。

一句不耐烦的“买不起”可能会让孩子心事重重：是现在买不起还是永远买不起？爸爸妈妈是不是根本不想给我买？

有时候不怪孩子闹情绪，可能是因为家长没有给孩子同等的尊重。面对孩子不合理的要求，家长可以跟孩子详细解释这件商品的价格超出了家庭开支预算，循循善诱地引导孩子接受勤俭节约的消费理念。对于明智的家长来说，这反而是一次很好的教育机会。

2. 别胡乱猜测“你是不是又想乱花钱了”。

很多家长在孩子表现出羡慕情绪时，急吼吼地打断孩子。类似于这样的过激反应容易让孩子产生委屈、受挫的感觉。比如说，有个孩子向妈妈描述同龄伙伴卧室里摆了好多芭比娃娃，妈妈立马气急败坏道：“你是不是又想买玩具了？你的玩具已经堆成山了！”接着抱怨起孩子种种爱花钱的举动。

家长太强调金钱，或者说什么都能绕回到钱这个话题上去，对孩子的成长没有什么好处。家长越是在乎钱，越得用健康正面的心态向孩子表达关于金钱的观念。

3. 别夸口说“随便买，挑贵的买”。

哭穷不可取，炫富更是要不得。惯坏了孩子的“胃口”，孩子对轻易得到的一切都不会产生珍惜的概念。

真正的穷养，不是让孩子在物质上得不到满足、不敢花钱，而是让孩子知道如何靠自己的努力得到想要的生活，即使目前的物质条件不富足也不会丧失对未来的希望和奋斗的勇气。别让孩子过早地为钱担心焦虑，为了金钱抹杀了自己的情绪和欲望。家长其实很多时候并不是真的穷到什么都买不起的地步，哪怕经济条件有限，只要合理地规划和分配，也能给孩子一个无忧无虑的童年，让孩子自信而勇敢地面对今后的生活。

超前投资，学会用钱生钱

很多家长已经意识到提升孩子财商的重要性，但他们除了给孩子买个存钱罐外，并不知道该如何对孩子进行系统的投资理财教育。基于此，不少育儿专家和理财师都提倡家长利用日常生活中点点滴滴的细节去对孩子进行财商培养。

爸爸听说丹丹的学校正在举办一次二手书交易市场的活动，他立马帮丹丹将从小到大看过的书籍和杂志都整理出来。在爸爸的建议下，丹丹将这些旧书刊带到了学校，和同桌一起开设了一个小型书摊。一周下来，丹丹竟然挣了六百多元钱。

爸爸将丹丹带到自己工作的银行，将几种少儿理财产品介绍给丹丹听。丹丹详细了解、反复比对后，选择了其中一种理财产品进行投资。见丹丹对理财兴趣浓厚，爸爸很欣慰。

赚钱和投资是两个不同的概念，投资的本质是“钱生钱”。很多家长总认为孩子与投资之间不可能产生交集，虽然他们也会为孩子购买育儿基金，但绝对不会让孩子去参与投资活动，成为“投资者”。这样的话，孩子的财富虽然积累了，却只知道消费，不懂得如何利用手中的财富创造出源源不断的利润。家长想让孩子以后拥有投资理财的能力，就要从小时候开始培养。

孩子各种能力的培养都有关键期。比如说，培养孩子的数理能力要抓住4-6岁这个年龄段。而对于5至14岁的孩子而言，他们已经完全可以接受稍具难度的理财能力的培训。

家长可以带着孩子从最简单的投资工具学起，适当灌输一些基础的理财知识，如银行储蓄方法、种类、利率、利息计算等。这是让孩子接触投资理财的第一步。

从建立理财的初步印象到能够自如操作是一个非常复杂的过程，为了让孩子迅速适应，家长平时去银行办理业务的时候可以带着孩子一起去，让孩子了解银行作业流程、ATM（自动取款机）功能等。

如果家长正在进行一些理财产品的投资，不妨保存银行账单和投资报表，以此向孩子解释何为复利，激励孩子多储蓄。家长还可以和孩子玩一种名叫“大富翁”的经典游戏。游戏中“套取现金”“交易”“破产”等规则会让孩子对投资的概念认识得越发深刻。

平时，家长也要教会孩子将零花钱和过年时的压岁钱等零散资金集中起来，并利用一些银行产品让孩子养成“强制储蓄”的习惯。只要坚持下去，财富增值额的实现是预料之中的事情。而“零存整取”的操作体验会让孩子对“小钱变大钱”产生更浓厚的兴趣。

美国俄勒冈州的帕特里克朗在大儿子瑞安12岁过生日时，送给了他一台割草机作为生日礼物。瑞安便利用这台割草机做起了“生意”。夏天结束的时候，他已经靠给邻居家修理草坪赚了400美元。面对这笔“巨资”，瑞安不禁有些飘飘然。

帕特里克朗带着瑞安去当地的银行和证券市场感受氛围，并告诉瑞安可以利用这笔钱做点投资。瑞安因此对股市产生了兴趣，他每日吃完饭就拿起爸爸的财经报纸研究起来。做好充足的准备后，瑞安决定购买耐克公司的股票。幸运的是，因为时机把握得不错，瑞安最后小小赚了一笔钱。

生活中，家长可以参考以下几种方式对自家孩子进行财商教育：

1. 让孩子参与到家庭保险方案的选择中去。

让孩子了解一点保险行业的知识是有益无害的，根据保险费的计算公式，鼓励孩子帮家长算算具体投保数额是多少，问问孩子几种保险方案他倾向于选择哪一种。

2. 带孩子体验基金、股票操作流程。

如果家长本身比较精通于投资，不妨将书本上的投资理论知识与实际操作结合起来，鼓励孩子用自己赚的钱买合适的基金和股票。孩子只有亲身体验过才会明白“盈利”和“亏损”究竟意味着什么。

如果家长本身对投资知识不甚了解，平时可以多自学相关知识提升财商，再对孩子进行财商教育。条件允许的话，家长可以专门学习一些国外的财商课程，然后根据国内情况做出调整，对孩子进行引导。或者带孩子一起多向专业人才请教，很多加拿大家长就是这样做的。

很多加拿大家长在孩子一出生就为孩子开设了个人账户，等孩子有了一定积蓄后，家长会专门带孩子去见家庭理财顾问。让理财顾问指导孩子用个人账户里的钱投资一些基金。

家长教孩子一些简单的理财方法来管理金钱，既能锻炼孩子的判断力和提升合理选择的智慧，也能培养孩子的自信心、责任心。拥有不俗财商的孩子，能够用更理性的眼光去规划梦想、管理人生。

孩子的压岁钱，上缴和放任都不是上策

“恭喜发财，红包拿来”，在孩子清脆的拜年声中，长辈们纷纷掏出早已准备好的红包。很多孩子因为压岁钱一跃成为“小富翁”。然而，家长对此却有诸多疑惑：让孩子自己保管不菲的压岁钱合适吗？孩子的压岁钱究竟属于谁？

果果妈妈每年都会将果果的压岁钱“据为己有”，面对果果愤愤不平的控诉，她反问道：“你又没有赚钱的能力，能收到红包也是因为爸爸妈妈的关系，就该全部没收。再说小孩子身上放这么多钱该多危险啊。钱放在妈妈这里可比银行安全多了，你要用就找我要。”

果果爸爸却说：“压岁钱的所有权是属于孩子的。平时孩子就吵着要这要那的，他有了压岁钱就可以满足自己的心愿了，我们家长还省得操心。”

家庭教育研究者曾发起一场关于压岁钱的网络调查，他们采访了100户家庭，接受调查的大部分是“70后”和“80后”家长。

结果显示，少部分家长会选择将压岁钱交给孩子自己打理。为了图省事，他们对孩子怎么花钱、将钱花在何处不会过多关注。大部分家长却会选择“私吞”，他们认为孩子没有能力去支配这些数额不菲的压岁钱。一位“90后”家长道：“平时他吃我的穿我的，这些压岁钱当然归我。”

其实，这两种做法都不明智。强迫孩子上交压岁钱，一来会影响到家长的权

威；二来会让孩子空欢喜一场，孩子带着失落的情绪去迎接开学，学习积极性也会受到打击。另外，这种做法还会造成亲子间的不信任感。孩子自尊心受到伤害，在逆反心理的支使下，可能会做出私藏压岁钱、谎报数目等不良行为。

可是，任由孩子支配压岁钱也不合适。随着生活水平提高，长辈包给孩子的压岁钱动辄上千，过万的也不鲜见。轻易将这笔钱交到孩子手上，会给他一种挣钱很容易的错觉。如此一来，孩子更不知珍惜、感恩、责任为何物。压岁钱甚至会领着孩子走上错误的人生路。

家长要在孩子收到压岁钱的当下，引导孩子理解压岁钱背后的意义，让孩子明白这些轻飘飘的纸张上凝结着长辈的心血，有着特殊的意义。

一位爸爸在大年三十晚上给孩子讲起了“压祟”的故事，一对老夫妻为了吓跑害人的“祟”，用红纸包了八枚铜钱放在孩子的枕头底下。“祟”一靠近孩子，铜钱就发出金光，吓得“祟”抱头逃窜。见孩子听得认真，爸爸严肃道：“长辈给你压岁钱，是在祝福你能幸福长大，希望这笔钱能对你的生活和学习带来帮助。”

说着，爸爸让孩子握起一旁爷爷奶奶的手，说：“你看爷爷奶奶手里是不是长满了老茧？他们辛苦了一辈子，用攒下的积蓄给你包红包，你应该怎么做？”在他的引导下，孩子恭恭敬敬地对长辈们鞠躬说道：“谢谢爷爷奶奶和爸爸妈妈！”

家长可利用压岁钱来培养孩子的“财商”，向孩子灌输正确的理财观念，带孩子感受自律所带来的益处。具体可参考以下建议：

1.用三个存钱罐教孩子合理规划这笔钱。

家长可先买来三个存钱罐，将孩子的压岁钱分成三份，分别存入不同的罐子里。

第一个罐子里存日常开销需要的钱，比如孩子上学的书费、餐费等。

第二个罐子里存额外开销的钱，专门用来支付孩子的“梦想目标”，比如玩具、衣服等。

第三个罐子里存的钱用来储蓄、投资，这部分至少要占总金额的一半。等到孩子对金钱的规划有了初步的意识后，再带着孩子将第三个罐子里的钱存入孩子的个人账号。

2. 为孩子提供理财计划。

目的是为了向孩子“科普”一些基础的理财知识。例如：有个妈妈为孩子提供了一份理财方案，将压岁钱除去部分开支后所剩下的钱借给大人使用，大人一年给孩子提供10%的利息，那么一年后孩子除了能得到本金外，还能得到好几百元的额外收入。见孩子犹豫不决，妈妈又提供了另一份计划，大人为孩子提供5%的年利息，但是孩子随时可以拿回本金。孩子做出选择后，妈妈拟了一份合同，与孩子各自签下了名字。

3. 用压岁钱购买保险当作教育基金。

跟孩子一起去搜集、了解“初中教育金”“高中教育金”这两款附加险的知识，和孩子讨论自己对未来教育经费的安排和规划，引导孩子做出合理的选择。

家长要让孩子明白压岁钱不止能买来零食、玩具、好看的衣服，它还能为未来铺路。比如引导孩子将部分压岁钱花在自身成长与梦想上，它可以为心心念念的假期旅行买单，也可以成为兴趣班的学费等。这能提升孩子的责任意识。

家长还可以告诉孩子：压岁钱能传导出长辈的关爱和厚望，也可成为孩子财商教育的第一课。家长要合理利用这一“契机”，让压岁钱在孩子的成长道路上发挥出最大的价值。

当孩子问“咱家有钱吗？”家长们该怎么回答

如果某一天孩子突然对金钱敏感起来，并向你抛出这样的问题，“咱家有钱吗？”作为家长，是应该为了培养孩子的自信心，“财大气粗”地告诉孩子：“咱家不差钱！”还是应该向孩子哭穷，让孩子花钱要节制，改掉大手大脚的坏习惯呢？

某微信公众号里的一篇文章引起家长们在朋友圈的大量转发。文章说了这样一个故事，晨晨突然问妈妈：“我们班的班长说他家里有好几套房子，郊区还有栋大别墅，咱们家有几套房子啊？”妈妈愣住了，还没来得及回答，晨晨说：“妈妈，我们家是不是很穷啊？我们家的房子没有班长家的大，我穿的鞋也没他的好看。他说他的鞋是耐克的……”

妈妈想了一会儿，说：“晨晨，作为学生的首要任务是学习对吗？”晨晨点点头。

妈妈继续说：“咱们家虽然不是很大，但是很漂亮、舒服啊，你脚上穿的鞋也很合脚对不对？”晨晨点点头。妈妈说：“我们家并不穷，但是咱们得把钱花在更值得的地方。咱们一家三口住这么大的房子正合适啊，以后你成家立业了，就得换更大的房子了。妈妈不给你买耐克鞋，是因为牌子并不重要啊，重要的是这鞋适不适合你，合不合脚。”

听了妈妈的话，晨晨渐渐明朗了起来。

家长在回答孩子的这类问题时，要考虑是否会影响到孩子的消费观和内心的安全感。现实生活中，为了让孩子变得更有底气，有的家长会这样回答：“咱家不差钱！”有的家长怕孩子花钱大手大脚，便激励孩子道：“这附近就数咱家最穷。咱们家就靠你了，你要好好努力别像爸爸妈妈一样没出息。”还有的家长“豪气干云”道：“咱们家的钱多得数不清，你乖乖听话，将来这些钱都是你的。”

这些回答都可能会对孩子的金钱观造成不良影响，有的孩子因此对金钱满不在乎，花钱如流水；有的孩子学会了坐享其成，变成啃老族；更多的孩子虚荣心暴增，走上贪慕金钱的道路……

家长最明智的回答是为孩子树立起“核心价值观”。家长得让孩子明白：一个人是否优秀，在于人品的优劣及能力的高低，而不是由物质条件决定的；一个人的成就，并不需要豪宅、名牌来证明；眼下的生活都是暂时的，想要的东西，就得靠自己的能力去争取。这才是最棒的财商教育。

外国有个小朋友问爸爸：“我们是富人吗？”爸爸思索了一会儿，说：“我还挺有钱的，但是你没有，因为你还不具备赚钱的能力。我的钱都是靠自己努力奋斗赚来的，我相信你也可以。”

孩子问出这一类问题，大多是受到了四周环境的“刺激”，其中家长带来的影响最大。爱慕虚荣的家长喜欢给孩子买各种名牌衣服、名牌鞋，孩子穿在身上觉得很有面子。

孩子有了名牌意识，就会经常在同学面前炫耀。若是对方更“财大气粗”，他们一定会回家问家长：“我们家很穷是吗？为什么别人衣服都是限量款我不是？”

一些物质条件并不富裕的家长，往往会因为孩子的这个问题而心生愧疚。他们担心孩子会因此而自卑，便加倍地溺爱孩子，为孩子包办一切。这种教育方式只会让孩子变得自私冷漠。有一天家长老了、累了、操持不动了，孩子反而会责怪家长为什么不能继续为他遮风挡雨了。

当孩子问“咱家有钱吗”，家长不要因为没有给孩子创造最好的条件而心生愧疚，而是应该趁机向其灌输正确的价值观，培养孩子对金钱的正确认识。具体可参考以下几种回答：

1. 实事求是。

务实的家长可以给孩子一个明确的答案。找来纸和笔，和孩子详细介绍家中的收支情况，带着孩子算算账，让孩子明白挣钱需要努力，其速度远远比不上花钱。

2. 幽默化解。

为孩子办理了个人账号的家长可以将家里的存折和孩子的银行卡拿给孩子看，告诉孩子："你有五百元的存款，我们的存款是你的好多好多倍。这样看起来我们很富，你很穷，你要加油哦。"

3. 严肃回答。

有时候回避或搪塞问题的效果都不好，不如严肃对待。按照孩子的性格，拿捏语气，告诉孩子这样的道理：家里没钱不丢人，你和别人攀比才丢人；家里有钱没啥了不起，你凭借自己的能力挣得财富才了不起。

孩子抛出这些"尖锐"的问题时，家长那些脱口而出的、不妥当的回答可能会给孩子的人生埋下一颗"隐形地雷"。家长得在孩子对贫富有了初步的概念后，及时引导孩子建立正确的财富观，带给孩子足以受益一生的精神财富。

当孩子伸手要钱，如何拒绝才最健康

家长都有被孩子伸手要钱的经历，有些家长的反应是有求必应，有些家长却对孩子伸手要钱的举动分外反感，更多家长其实是不知道该如何去拒绝孩子。当孩子向家长伸手要钱时，如果家长不想答应孩子的请求，如何拒绝最为恰当？

康康和几个要好的伙伴约好去逛街，临行前，他缠着妈妈，希望妈妈能给他一点额外的零花钱。妈妈却不肯给，黑着脸坐在沙发上玩着手机。康康一再恳求，妈妈皱着眉头责备道："你就只顾着玩，心都玩'野'了。"

康康的几个小伙伴站在门边，面面相觑。康康低下头，涨红了脸。见他尴尬的样子，妈妈从口袋里掏出十块钱，拍在茶几上："拿去！"康康愣在那里，拼命忍住泪水。

孩子向家长伸手要钱，其实是对家长的一种依赖，家长是被信任的一方，如果孩子的自尊因家长粗暴的态度而受到了损伤，亲子关系也会产生裂痕，乃至就此崩塌。

有些家长为了约束孩子的行为，干脆告诉孩子家里很穷没有钱，这种拒绝方式会对孩子造成额外的压力。一旦孩子整日为家里的经济状况忧心忡忡，他怎能专心致志地去学习、去拼搏？孩子以后若是遇到特别适合自己的发展机会，可能也会因为顾虑到家庭的经济情况而退缩不前。

更糟糕的是，当孩子向家长伸手要钱去满足自己的“欲望”时，家长的无情拒绝可能会引发孩子的偷窃行为。绝大多数家长遇到这种情况，第一反应往往是怒不可遏。为了让孩子长记性，他们可能会采取最严苛的方式去惩罚孩子，却忘了深入挖掘孩子不良行为背后的原因。

如果家长能在孩子伸手要钱时采取更科学的态度去应对，如果孩子能在自主消费上与家长取得共识，孩子就不会走上偷窃这条道路。

家长在拒绝孩子伸手要钱的行为时，可以用幽默的方式让孩子知难而退。这既不会伤害孩子的自尊，也不会损伤亲子间的感情。同时，这还是一个教育孩子的良机。

丹丹对爸爸欲言又止道：“爸爸，你能给我五百元吗。”

爸爸问：“这个月的零花钱花完啦？你要五百元做什么呢？”

丹丹说：“班里的同学说，女孩子一定要会打扮，我想买一套好一点的化妆品。”

爸爸思考了一会儿，说：“可是我这几个月的工资都花在游戏装备上了，如今我也是两手空空。不如你向妈妈要的时候帮我也要点零花钱？”

丹丹“扑哧”一声笑出声来，随后忧愁道：“爸爸，你怎么在游戏上花这么多钱啊？妈妈知道了一定会很不开心的。”

爸爸低下头，严肃道：“丹丹，咱们来个协定，你现阶段的任务是好好学习，而爸爸会戒掉游戏好好工作，等你考上大学了，爸爸会送你一套最好的化妆品。”

丹丹点点头，开心地写作业去了。

家长还可以迂回拒绝，告诉孩子要有节制，要学会计划消费。若是花钱超过了预算，家长不会成为他们的“提款机”。在孩子要钱的时候，家长还可以借机与孩子诉说自己的工作状态，让孩子明白大人赚钱的艰辛与不易。

其实，真正无理取闹的孩子很少，大部分孩子经过家长耐心的劝导，都会意识到自己行为的失当之处。这一过程中，家长的态度要温和坚定，不应在拒绝孩子的时候伤害孩子的自尊心，也不应在孩子撒娇的时候进行妥协。

除此之外，家长还应注意以下几点：

1. 不要直接拒绝。

尤其不要当着外人的面用嘲讽、冷漠的态度去拒绝孩子。家长应该问问孩子为什么要钱，需要多少钱，有什么规划，趁机引导孩子树立正确的消费观念。

2. 不要贬低孩子的欲望。

家长总是会搬出一堆理由向孩子证明他的要求有多么不合理，这反而会加深孩子心中的执念。面对孩子的要求，你可以不满足，但不要用一堆伤人的话语去评判、贬低孩子。

3. 别给孩子一种等待施舍的感觉。

有的家长耐不住孩子的吵闹，气急了会把钱扔在地上，嘴里嘟囔着一直骂，这会粉碎孩子的自尊心。孩子难免会觉得自己像个“乞丐”，向家长要钱是一种乞讨的行为。

4. 向孩子解释被拒绝的原因。

家长弄清楚孩子要钱的原因后，再考虑给不给钱，给多少钱。如果家长认为孩子的要求很不合理，不如慢慢地为孩子分析利弊，解释拒绝的理由，请求孩子的谅解。

孩子没有经济能力，在面对控制欲强的家长时难免处处掣肘。家长用平和、理性的态度去对待孩子，孩子也会回报与家长同样的态度。教育最忌讳的是走极端，唯有“平衡”才是最明智的教育之道。

第六章

孩子的教养，都藏在孩子阅读的书中

阅读，决定孩子一生是贫瘠还是丰厚

孩子有了空闲时间，是喜欢安安静静地坐在沙发上看书，还是抱着平板电脑打游戏或者追新出的动画片？为什么一让孩子看书，孩子就表现得很抗拒？有些家长不禁感叹：若是能够看到孩子每天都捧着书看，该有多好。

良好的家教向来是无声无息地熏陶。在书香熏陶中长大的孩子，人生自会变得丰厚、精彩、有内涵。

高晓松出身于书香世家，他的父亲是清华大学教授，母亲则是著名的建筑家。他曾在《鱼羊野史》这本书里写道："我成长的年代没有微博，也没有电视，收音机里天天播的就是《岳飞传》，也没有其他娱乐方式，大家当然是读书长大的。当时我家里有好多书，连走廊里都摆满了书。我们家书柜下面都是卡片柜，上面是书，到处都堆满了卡片。因为那个时候没有谷歌搜索，看书得把笔记记在卡片上，这句话在哪本书第几页等等。"

有一次，他在综艺节目里直言自己长相丑陋，但一旁的主持人见他侃侃而谈，对各国历史、文化知识信手拈来，就对他流露出由衷的敬佩。

对于现在的孩子来说，明明阅读的机会非常多，但孩子静下心来读书的画面却越来越罕见。这是为什么呢？

首先是因为留给孩子的阅读时间远远不够。随着社会竞争压力越来越大，"减负”的口号早已过时。孩子的课业负担极重，很多孩子回家后要花三四个小时做作业，周末又要去参加各种课外辅导班。孩子忙得团团转，有了点空闲时间就想着轻松娱乐，再也提不起精力去阅读。

其次是因为孩子的成长环境里缺少阅读的氛围。很多家长对国内社区的阅读环境不甚满意，放眼望去，超市、小吃店比比皆是，而适合孩子的阅读区域却少得可怜。

有的家长也没有让孩子阅读课外书籍的意识，在他们看来，读“闲书”的孩子没出息，成绩好就行了。所以他们也不会特意为孩子在家里创造一个良好的阅读环境。

若孩子的同龄伙伴间讨论的都是时下最热门的动漫、电视剧、游戏或明星，却没有人对阅读感兴趣，孩子自己也很难看得进去课外书。

还有一种情况是，家长见孩子喜欢看漫画书就气不打一处来，于是他们没收了漫画书，一味地逼着孩子读一些枯燥无味的、超出其年龄范围的专业知识方面的书，这让孩子产生“读书是一件极其无聊的事情”的印象，生生断了孩子的阅读兴趣。

小芸的父母曾说：“当初之所以会选择在这个小区安家，是因为楼底下正好有一家24小时书店。”平时，他们夫妇俩很喜欢给小芸买各类图书，久而久之，小芸越来越喜欢读书，知识面也越来越广。放暑假的时候，小芸经常去楼底下的书店看书，一看就是一天。

家长若能让孩子明白读书其实是一件其乐无穷的事情，也许就能改变孩子的童年甚至是他的一生。然而，让很多家长苦恼的是，市面上的书良莠不齐，看得人眼花缭乱，他们并不知道什么样的书才能称得上是好书，什么样的书适合自家孩子阅读。

其实，每个孩子的阅读水平是不一样的，有些6岁的孩子能完全看懂8、9岁孩子看的书。家长不要局限于孩子的年龄为孩子选书或者盲目参考别人推荐的书单。家长要多花心思去观察、引导孩子的阅读“口味”，找到现阶段最适合孩子读的书。

对于大多数孩子来说，在选择书籍的时候，家长具体可参考以下几个方面：

1. 选择神话故事或者科幻类方面的书。

若孩子的词汇量不够丰富，就选一些故事性强的图画绘本。当孩子读这些书时，鼓励孩子无拘无束、天马行空地去想象。

孩子阅读了一段时间后，引导孩子用自己的语言去描述故事的经过，并和孩子讨论故事内容和感想。比如《中国神话绘本》、纽伯瑞儿童文学金奖作品《时间的皱折》等。

2. 现实题材方面的图书。

无论是古今中外的名著，还是孩子读的故事书中，都有一些与现实息息相关的故事。其中可能蕴含了对现实社会现象的批判与反思，让孩子多读读这类书，潜移默化地熏陶孩子的世界观和价值观，比如说《追风筝的人》等。

3. 自然科普类图书。

这一类的书将浩瀚宇宙、地球家园、生命诞生、植物王国、动物世界等一系列画卷缓缓摊开在了孩子面前，孩子慢慢地对自己生存的这个星球、四季、自然有了更为深刻的了解。比如说《昆虫百科全书》《植物百科全书》等。

4. 名人励志传记。

让孩子多读读名人传记，了解成功人士成长的经历、曾经历过的艰难困苦和如今的荣耀。阅读的过程中，孩子会对这些名人心生崇拜，立志向他们学习。这对孩子的成长有莫大的好处。比如《罗素自传》《富兰克林自传》等。

教育家克鲁普斯卡娅曾说：“儿童阅读在孩子生活中起着重大的作用。童年读的书可以让孩子记一辈子，影响孩子进一步的发展。”家长也不妨暂时丢开工作和生活中的琐事，带领孩子一起徜徉在书海中。也许，几个小时的阅读体验就能给孩子留下终生难忘的美好回忆。

给孩子留一套房，不如留一屋书

北大心理健康教育与咨询中心副主任徐凯文曾做了一场名为《时代空心病与焦虑经济学》的演讲，其中提起了北大学生的“空心病”问题。相关研究显示：30%的北大学生有厌学倾向。令人不禁心生感叹：“在如今这么优越的经济条件下，为什么孩子却变得越来越空虚、颓丧，失去了进取心呢？”

一篇名为《在上海有七套房的家庭，孩子还要努力读书吗？》的文章在网络上红极一时，作者黄征宇在文章中写到了一个故事：黄征宇曾有一次搭乘出租车的时候和司机聊了起来，在谈到孩子教育问题的时候，司机乐呵呵地说，就算孩子考最后一名他也无所谓。

黄征宇有点儿惊讶。司机解释道，他们家因为拆迁的原因分到了七套房，孩子成绩好不好没关系，反正家里的钱够全家人花一辈子了。司机说完后，黄征宇沉默良久。他在心里嘀咕道：少有屹立千年的房子，只有精神和文化才能传承千百年。

精神和文化从何而来？著名教育家叶澜说：“一个人的阅读史就是一个人的精神成长史。”现代人虽然不缺物质，可精神生活却很贫乏，否则也不会整天捧着手机打发时间。

对于孩子来说，一套房的价值远远比不上一屋书。为什么这样说？人与人的外表不同，先天智力也存在不小的差距。外表可以根据规律的运动及美容手段获得改善，而想要拉近智力差距，就不得不依靠阅读这个重要手段。这一点也早已被现代心理学研究证实。

人们总是在已有的知识框架上学习新知识，原先的知识体系越缜密扎实，越容易吸收新知识，智力也因此变得越发出众。而且，提高孩子的听说能力、写作能力的最佳途径就是阅读。

在孩子小的时候，家长应多给孩子读文学作品，在孩子凝神细听的同时，引导孩子对所听内容进行分析和评价。随着孩子渐渐长大，涉猎得越发广泛，想象力变得越来越丰富，孩子的写作能力也会稳步提升。他们写出的文字往往比同龄人更有灵性。

阅读还能提高孩子的批判性思维能力。文学巨著中复杂情节和科普性文章中的系列论证可以让孩子边读边吸收，边分析边理解，慢慢地，孩子的目光也会变得机敏、灵透起来。

阅读能让孩子变得聪明、优秀，还会赋予孩子健康、多维的思维方式。思维方式是否健康，衡量因素有眼界、心胸、价值观等。徜徉在书海之中，好比驾驶一台“时空旅行机器”，在古今中外最优秀的人与思想间穿梭不停。俗话说“腹有诗书气自华”，在成长的过程中，孩子若能继承到前人的精神财富，自然能够看得更长远，想得更深入。

阅读同时具有明显的心理修复功能。很多家长都会担心孩子无法面对生活中的风风雨雨。而一个从小就建立起阅读兴趣的孩子，自我救赎能力是非常厉害的。

台湾小鲁文化社社长陈卫平先生很小的时候，父亲就突然离世。他没有留下任何财产，只留下一屋子的书籍。母亲毫无谋生手段，家里经济情况每况愈下。走投无路之时，母亲专门去向算命人求助。算命人却说：“您的孩子家产不少，而且是父亲留给他的。”

母亲很失望，回家后对儿子说：“我看算命的也没个准儿，还是靠自己吧！”母子俩携手相助，走过了那段艰辛的岁月。父亲留下的一屋子书籍成了陈卫平成长过程中的精神食粮，他如饥似渴地阅读着这些书，渐渐成长为一个视野开阔、心胸豁达的人。二十年后，这些书被完整无缺地保存了下来。陈卫平先生坦言道，他最大的乐趣还是和小时候一样做一个快乐的爱书人。他说：“我要把最精彩、最好看的故事写出来，出版给所有的小朋友看。”

在家庭财富极速增长的同时，很多家长都没意识到要去提升自我的眼界，更忽视了对孩子这方面的教育。他们每天计划着要为孩子留下多少套房，却忽略了能留给孩子多少精神财富。

法国作家雨果说：“各种蠢事，在每天阅读好书的影响下，仿佛烤在火上一样，渐渐熔化。”阅读能让孩子心理渐渐变得成熟起来，自我反思能力也在同步增长。孩子能够从书中获得的，是滋养心灵的养分，是壮大人生的力量。

做个爱阅读的父母，孩子才会爱阅读

目前的家庭教育中，存在着一种“畸形现象”：家长为孩子不爱读书而忧心忡忡，不停地唠叨着要求孩子多读几本书，与此同时，家长自己却早已将阅读的习惯荒废多年。当家长连翻开书页的感觉都不记得了的时候，又有什么立场去逼孩子读书呢？

天津六岁小才女李尚容参加一档节目的视频刷爆了家长的朋友圈。只见视频中的她满脸天真的笑容，在主持人的示意下，李尚容背起古诗词来一首接一首，解析起诗词的背景故事来也是一套接一套。观众们震惊得纷纷鼓起掌来。主持人睁大了双眼，称赞道：“我真是白活了……相比较起来，我简直太没文化了。”

接受记者采访的时候，李尚容的妈妈介绍说，她和丈夫一直爱好读书。每天下班后，他们夫妻二人总会无比默契地共同处理好家务，然后拿出各自的书，静静读起来。孩子看见了，也不声不响地拿来了自己的书，乖乖待在一旁默读。

耳濡目染的熏陶比一味地说教更有用。家长若是一刻都离不开手机，连给孩子讲故事的时候都心不在焉，或时不时抓起手机看一眼，又如何让孩子沉下心来阅读呢？

没有哪个孩子喜欢被任务和规定束缚住，家长用严厉的呵斥和责骂将孩子逼到书桌前，孩子勉勉强强地看了几页书，却可能从此对阅读留下心理阴影。这完全是在浪费双方的时间。

其实让孩子爱上阅读并不是一件很难的事情，因为孩子很喜欢模仿家长的言行。如果家长以身作则，每天都能抽出部分时间来阅读，用这种方式引导孩子投入书海之中，慢慢地，孩子自己也能从一段段阅读时光中挖掘出无穷无尽的兴趣。

如果家长特别希望孩子能够读某本书，家长自己最好要先将这本书通读一遍。这样的话，家长给孩子推荐这本书时，才能够娓娓道来，言之有物。

想要激发出孩子的读书兴趣，家长在阅读时可采用一些技巧。比如说，一边读书一边欢快地笑起来。孩子看到了自然会凑过来问："爸爸，你在看什么有趣的书？"

这时候，家长可以就势对孩子说起书里的故事，说到关键处不妨停下来卖个关子："想要知道后面发生的事情，自己去书中寻找答案吧。"把书交给孩子，让孩子自己去读。

等孩子渐渐长大，家长就可以引导孩子去读更有思想深度的书。家长在空闲的时候多和孩子讨论书中的观点，哪怕孩子想法幼稚，或者与书中的价值观持相反意见，也不要随意打断，或者对孩子说一些含有批评、贬低意味的潜台词。家长要做的是耐心地呵护孩子勤于思考的习惯。

一些家长为了让孩子爱上读书，往往会去做一些目的性很强的事情。比如他们会搜集一些优秀同龄人的读书事迹，添油加醋地说给孩子听。他们原本是想激励孩子，谁知孩子一听就生了抵触心理。

所以，家长在引导的过程中最好做到不着痕迹，别被孩子一眼看穿目的。而且家长的命令式口吻根本起不到"诱惑"的作用。阅读本来是一件非常快乐的事情，别让它演变成一种任务或竞赛。

钱钟书和杨绛夫妇酷爱读书。他们的女儿钱瑗小时候看到爸爸妈妈在读书，就调皮地跑过来抢他们的书看。后来夫妇俩为女儿买了一只高凳和一本丁尼生的全集，教女儿读起书来。

钱瑗看不懂那些密密麻麻的小字的含义，便用手握着铅笔，学父母的样子，一面低头看那些小字，一面在书上乱画。钱钟书和杨绛看到了从不训斥，只是耐心教女儿认字。

没隔多久，钱瑗就看得入迷起来。有一次，她看到了一个很难的单词，连翻三部词典也没查着单词的含义。钱瑗便跑去问爸爸，爸爸却让她继续再查。当她查到第五部词典的时候，终于找到了这个单词的意思……

为了让孩子爱上阅读，家长可参考以下几个意见：

1. 多带孩子去读书会。

很多图书馆、书店会针对不同年龄段的儿童定期举行专场读书会，家长平时要多留心这方面的信息，多带孩子去体验。

2. 给孩子买的书要买够数量，确保品种丰富。

比如说，孩子很喜欢某个作者写的书，而且这位作者又是圈内公认的经典大家，不妨将其作品陆续买齐。对于这种认同感极高的系列丛书，孩子会反复地翻阅、认真地思考，不会囫囵吞枣地一带而过。为了补充孩子的知识面，家长买书不要局限在同一种思路里，可以买一些不同类型的书，确保孩子拥有足够的阅读量。

3. 和孩子一起读读家长小时候喜欢看的书。

一旦家长和孩子拥有了共同的回忆，能够讨论的话题就多了起来，关系也变得更加亲密。

家长在家庭环境中是起决定性作用的角色，孩子可能一生都会受到家庭的影响。有时候，育儿更像是一场自我的修行。家长可以通过阅读来丰富自己，也能照亮孩子的未来。

培养孩子的阅读习惯要趁早

教育学者尹建莉强调说:“孩子的阅读开始得越早越好。”苏霍姆林斯基也曾说过:“七岁前学会阅读，就会练成一种很重要的技能，边读边思考边领会。”当孩子能够简单坐稳，小手可以自如抓握时，家长不妨让书本变成孩子最亲密的玩具。

温妈妈在孩子还没出生的时候，就开始规划起孩子的小书架。她和丈夫一起给孩子挑选了一个精美的书架，摆放在儿童房里。孩子出生后的第六个月，书架上早已摆满了绘本。

温妈妈十分享受每天和孩子一起读故事的时光。她注意到，小家伙总是目不转睛地盯着她，似乎听得很入迷。每逢她说到精彩的地方，小家伙便手舞足蹈起来。

孩子长到七岁后，十分痴迷于看书。他房间里的书架更换了好几次，才勉勉强强能装得下他的书。后来，温妈妈干脆带孩子去附近的图书馆，给孩子办了一张借书卡。

温妈妈从孩子极小的时候，就有意地培养孩子的阅读兴趣，精心打造孩子的阅读环境，让孩子将阅读变成一个很自然的习惯。可见，孩子在极小的时候，生活的环境会对孩子以后的道路起到很大的影响。家长不能因为孩子年纪太小，就轻视了成长环境的重要性。

作家万方曾塑造了一个叫作“花满月”的人物形象，花满月尚在襁褓之中时，她的母亲整日带着她去麻将馆。母亲噼里啪啦地搓着麻将，佣人便抱着花满月站在一旁观看。在这种环境中长大的花满月对麻将极其痴迷，最后甚至死在了麻将桌上。

试想，如果当初母亲给花满月的童年熏陶并不是麻将，而是书本，花满月的人生会不会截然不同？从极年幼时候开始培养的习惯会给孩子带来不可磨灭的影响。

阅读也是一样，越早培养孩子的阅读兴趣，越能让孩子受益终生。然而，在家长的传统观念里，孩子只有在识字的基础上才能开始阅读。不少家长为了自家孩子能顺利度过“幼小衔接阶段”，会在孩子上学前班之前先送孩子去上识字班。

对此，教育专家王若文坦言，国内不少家长在亲子教育方面视野较窄，完全没弄清识字与阅读完全是两回事。他说：“识字多半是记忆，而阅读多半是思维。识字为阅读服务，而阅读又能增加识字量。两者相辅相成、缺一不可。”

让孩子早些认字是很有必要的，但并不意味着家长直接拿识字卡片教孩子认，或者单纯地送孩子去上识字班就算完成任务。其实，家长完全可以在阅读中加强孩子的识字能力，结合上下文训练孩子的理解能力，或者干脆将字面意思直接指给孩子看，比如，孩子学习“花、草”等字的时候，带孩子看看身边的花草，给孩子带来直观感受。在阅读和生活中“不露痕迹”地教孩子识字，才是最有效的做法。

尹建莉从女儿很小的时候就开始给女儿讲故事，不同于其他家长的是，但凡是书上有文字，她一定会用手指着给女儿读出来。在女儿不到两岁的一天，女儿正捧着一本童话书津津有味地看着，一边看一边用胖乎乎的小手指着书上的字大声读起来：“丑小鸭孤零零地走到河边……”坐在旁边的叔叔惊呆了，以为这些字孩子都认识。

尹建莉笑着解释道：“其实她只是学着我的样子做罢了，她其实并不知道这些字是有内容的。”有时候尹建莉见到街道墙上写着字，就会停下来，指着给孩子读出来。有时候买东西回家，尹建莉也会指着商品标签上的文字，教孩子念。等到女儿上小学一年级的时候，几乎能将语文书上的课文从头读到尾，基本碰不上生字。

朱熹说：“读书之法，在循序而渐进。”早期阅读一般从家长给孩子朗读故事开始。慢慢地，孩子开始看一些夹杂少量文字的图画书。随着孩子阅读能力增长，他们对一些小故事产生了兴趣。之后看的书便越来越厚，读的故事越来越长。

在这种阅读活动的过程中，家长要帮助孩子完成从图画形象到文字符号的过渡。对于0~3个月大的孩子来说，家长可以选择一些读起来抑扬顿挫，比较有韵律感的书读给孩子听，比如说押韵的诗歌、儿歌等。读的时候注意表情和语气的生动配合，能让孩子的注意力更加的集中。

对于3~6个月的孩子而言，家长不妨选择一些书页颜色协调的图书教孩子阅读，注意不要选择颜色太过于鲜艳的书，避免对孩子的眼睛产生不良影响。另外不要选择字体太小的书，不方便孩子认字。

一岁左右的孩子的专注力已经得到了提升，家长可以选择一些贴合其年龄的故事书去读给孩子听，边读边讲解。这一时期的宝宝看书的兴趣一般只能持续3分钟，家长选择的故事要短。

有一位妈妈曾经焦虑这样一件事，她在给自己不到一岁的孩子读一些小儿书时，孩子却躁动不安，并产生了撕书的行为。

其实这是一种正常的现象。孩子撕书的阶段会很快过去。关键是家长要发自内心地喜欢这种相处方式，不要因孩子无法保持标准的读书姿势而不耐烦。在这个过程中，其实没必要遵循固定的方式。比如说家长一定要正襟危坐，严肃地读，孩子一定要老老实实地听。保持和谐融洽的氛围，可以选择怎么舒服怎么来。

孩子年龄越小，家长越不能带着教育的心态去和孩子相处。淡化教育痕迹，在与孩子一起享受读书时光的同时保证适量的户外运动、亲子游戏等，这些都非常重要。

世界各地的幼教专家一致认为：孩子的口语表达能力及思维智力的发展与早期阅读息息相关。家长要尽早培养孩子良好的阅读习惯，让孩子的成长路途中充满书香气息。

书籍能带给孩子静下来的能力

经常听到家长抱怨自家孩子太过于调皮好动，尤其是在家里来客人时，孩子总是在客厅里跑来跑去，或在沙发上蹦跳个不停。想要让多动的孩子静下来，家长不妨让孩子养成爱看书的好习惯。当孩子爱上了阅读，教育就成功了一半。

比尔·盖茨小时候很是活泼好动。当他还是个小婴儿的时候，每当摇篮有节奏地摇晃起来，他就会笑得很开心。童年时期的他喜欢跳上跳下，一刻也不得安宁。到了上小学的时候，老师多次向比尔的母亲玛丽谈话，投诉孩子总是在上课的时候摇来晃去。

唯一能让小比尔安静下来的只有书籍。早在比尔3、4岁的时候，身为教师的母亲为了方便照顾他，会带着他一起去上课。每当母亲讲到西雅图本地历史和文化时，小比尔就会聚精会神地看着她。到了7岁，小比尔最喜欢的一本书是《世界百科全书》。他每天都要花好几个小时去读这本书，那认真专注的样子让父母惊奇不已。

为什么说书籍有能让孩子静下来的能力呢？首先，读书是一个令人享受的过程，它拥有其他娱乐无法比拟的“魔力。”沉浸在书香中的孩子往往有着不俗的气质修养和丰富的内涵与阅历。

其次，阅读需要安静，孩子只有静下来才能进行分析和思考，同时提高表达能力。家长若能将孩子成功“引诱”上阅读这条康庄大道，哪怕孩子天性再好动，也会老老实实地稳坐在书前。

很多家长为了让孩子安心读书，干脆拔下网线，关掉电视机。扔给孩子一本书后，就将孩子关进房间。然而，这种强制性手段反而会让孩子变得越发暴躁。

家长想要诱惑孩子读书，不妨用一些“小手段”。比如制造家里断网、停电的假象。在孩子百无聊赖的时候，家长却待在一旁看起书来。挑起孩子的好奇心后，再适时给孩子推荐一本有趣的书。等孩子坐下来读得入迷后，自然会将心心念念的游戏抛到脑后。

孩子总也静不下心来读书，可能是因为有些家长无意中破坏了孩子的阅读兴趣。有一位家长为了考察孩子注意力是否集中，总是在孩子看完一本书后，立刻要求孩子复述书中的故事，强迫孩子背诵其文辞优美的段落，或者要求孩子剖析心得。

如果孩子搞混了人物名称，复述故事的时候结结巴巴，家长就会责怪孩子不够专心，是在浪费时间。然而阅读注重的是体验。如果孩子带着识记的目的去阅读，只会越读越觉得枯燥乏味。在这种情况下，书籍对于孩子而言，就失去了它的魔力。

对此，教育专家苏霍姆林斯基总结道：“人所掌握的知识的数量，也取决于脑力劳动的情感色彩：如果跟书籍的精神交往对人是一种乐趣，那么他并不以识记为目的的大量事物、真理和规律性知识就很容易进入他的意识。”

张芳的儿子从小调皮捣蛋，让她头疼不已。有一天，她买回了一大摞色彩鲜艳的童话书放在了孩子的书桌上。孩子立马被这些书吸引，抱着书读了起来。见儿子难得安静了一整天，张芳心里暗暗得意。晚饭时，她让儿子将今天读的书讲给她听，再谈谈感想。听后，儿子却不乐意。张芳皱眉道：“你先说完，然后再吃饭。“想不到儿子将筷子一扔，冲进自己的房间关上了门。那些书孩子只看了几天，便扔在了一边。张芳却不知道问题出在了哪里……

有些家长为了诱惑孩子读书，便投其所好，专门给孩子买漫画书读。孩子多动的毛病貌似改掉了，但孩子的表达能力、作文水平却无丝毫增长。

孩子看漫画书与看电视、电脑无异，都是以接受图像的形式接收信息。图片带来直观感受，而文字却能刺激儿童语言中枢的发展。一旦孩子习惯了前者，便再也耐不下性子去读较为复杂一点的文字了。家长引导孩子慢慢从“读图”转化成“读字”，建立真正有益的阅读习惯，才能让孩子的内心沉淀下来。

有些家长为了让孩子更加专心一点，会要求孩子放慢阅读速度，或者低声诵读。这些要求反而会对孩子的专注力带来干扰。大多数孩子的阅读目的极其单纯，他们迫切地想知道后面的故事情节，所以往往读得飞快。家长只注意到孩子“一目十行”，担心孩子无法吸收书籍的“营养”，却忽略了孩子此时正全身心沉浸在阅读的体验中，整个人处于非常安静的状态。

一本情节曲折、意味隽永的好书完全可以让闹腾的孩子安静下来。只是，在引导孩子阅读的过程中，家长要注意方式和技巧。

让孩子爱上睡前阅读

一次少儿读书会上，主持人问现场的孩子:“爸爸妈妈会给你们讲故事吗？”孩子们七嘴八舌地讨论起来。有的说:“妈妈忙着敷面膜，我求她好几次了，都不给我读。”有的说:“爸爸妈妈说自己白天上班好累，让我自己读。”

家长们经过白天忙碌的工作后，很容易忽视孩子的睡前阅读。然而，睡前阅读的作用却超乎人们想象。按照儿童阅读推广人王林博士的话来说:“睡前给孩子读5至15分钟的书，比你跟他说一天话都有效。”

美国畅销儿童书作家劳拉·努梅罗夫曾在接受中国记者采访的时候说，从她很小的时候开始，父母无论多忙，每晚都会抽出时间给她读故事书。父母总是用充满磁性的语调缓缓讲述着那些故事情节，并耐心地解答她喋喋不休的疑问。

劳拉·努梅罗夫坦言，正是从那时候开始，她爱上了读书。在她九岁的一天，她读到一则精彩的故事，心情久久无法平复。生平第一次，她拿起笔来，尝试着去创作。而今天，写作已经成为了她的职业。

夜晚是人一天中最缺乏安全感的时候，孩子如果抱着孤单、失落的心情入眠，睡眠质量将大打折扣。良好的睡眠质量是维持人体生命力的关键性因素。孩子睡得不好，大脑神经组织就会受到损伤，严重时会危及身心健康。

家长可以利用睡前的十几分钟时间，靠在孩子身边，为孩子讲一些温馨、有趣的小故事。伴随着家长对故事的娓娓道来，孩子紧张的心情也会舒缓下来，心里的安全感就会增强。

睡前阅读同样可以促进孩子大脑的发育，提高孩子的逻辑思维能力、阅读理解能力和语言表达能力。家长的用心讲解也能让孩子的知识面得以不断扩充。正如美国畅销儿童书作家劳拉·努梅罗夫所说："每晚临睡前读上20分钟的故事，美国儿童的读写能力就会完全不同。"

而且家长与孩子一起共度的那些睡前时光会成为双方此生最美好的回忆之一。当孩子无比乖顺地注视着家长的时候，正是进行亲子沟通的最佳时机。

每晚9点是妈妈陪奇奇读书的时间。每一次妈妈给奇奇洗完澡后，都会把书桌整理得特别干净整洁。她将一切电子产品都收起来，选好书，为孩子进行朗读。有一天，妈妈躺在床上给奇奇读书，她关掉大灯，只留一盏台灯，让奇奇将头靠在自己的臂弯里，在昏黄的暖光中给奇奇读着《狼来了》的故事。其实是为了批评孩子白天对她撒谎的行为。妈妈的语气中没有丝毫责备，反而无比温柔，奇奇听着听着便开始向妈妈道起歉来……

家长给孩子读的睡前故事要注意其中的寓意，其显示的是一种社会基本价值观和正确的行为模式。家长利用睡前阅读告诉孩子怎样做是好的，怎样做不对，孩子会因此变得越发懂事。

让孩子爱上睡前阅读，家长可参考以下意见：

1. 注重规律和仪式感。

睡前阅读最好定在固定的时间，并坚持下去。家长不要在有兴致的时候就给孩子读两段，有时候太累了就干脆取消这个活动，这会给孩子留下敷衍、马虎的印象。

如果孩子刚玩过游戏，正沉浸在兴奋的情绪中。先缓一缓，别急着读书。培养仪式感不仅可以让孩子迅速进入状态，同时也是在提醒孩子，这是件无比重要的事情，需要认真对待。

2.用书面语代替口头语。

平时家长跟孩子说话的时候已经大量使用口头语了，如果读故事的时候还用口头语，并不利于孩子词汇量的增加和语感的培养。

3.把握节奏。

家长在给孩子讲故事时，故事的前半部分应该尽量讲得跌宕起伏一点，吸引孩子的注意力，后半部分却要适当地放缓节奏。不要让孩子的大脑皮层在睡前处于过度兴奋、疲劳、愤怒、恐惧或哀伤的状态，这样会影响孩子的睡眠。为了把握好故事的节奏，家长也可以根据故事内容进行适当的调整。

4.适当改编。

孩子的理解、吸收能力各不相同，家长可根据自家孩子的情况对故事进行适当的改编。比如说，为故事换个背景；将长篇幅的故事压缩；将故事中拗口的人名换成周围邻居、同事、小伙伴的名字，便于孩子理解和记忆。

让很多家长烦恼的是，在给孩子讲故事的时候，孩子总是会让他们反复朗读同一个故事。很多家长会感到不耐烦，但是，家长应该耐心地满足孩子的这些要求。因为给孩子讲故事，数量远远不及质量重要。重复性的故事还能够辅助孩子迅速入眠。孩子的年龄是决定重复频率的关键性因素，对于年纪较小、理解力较弱的孩子来说，故事的重复率要偏高一点，比如说一周重复讲一个故事。

适合给孩子阅读的睡前读物有很多，这里稍做推荐：《小王子》《夜莺与玫瑰》《当世界年纪还小的时候》《夏洛的网》等。

家长怎样利用睡前这段时间来陪伴孩子，对孩子的成长起着十分重要的影响。对于孩子而言，没有比一个富有哲理的故事更好的睡前礼物了。

多阅读一些经典名著

孩子的寒暑假作业中经常包含着这样一项内容：阅读经典名著，并在家长的指导下撰写读后感。家长不由头疼起来，不知道应该为孩子挑选哪些书去读。

莫言虽然只上到小学五年级就离开了学校，但他却极其迷恋读书。那时候的农村几乎看不到电视、电影、收音机的身影，莫言就依靠一本《新华字典》看起了一本本“闲书”。

家里大人很反对莫言看这些闲书，因为他经常会因为看书耽误割草、放牛羊。那时候，他看的书有《刘禹锡诗文选注》《青春之歌》《欧·亨利短篇小说选》《哈姆雷特》《飘》等。2012年，获得诺贝尔文学奖的莫言感叹道：“如若当初我没有读过世界著名的文学经典，那么我根本不会有今天的成就！”

当代著名哲学家陶德麟曾一再强调，父母要趁着孩子还小、记忆力好的时候，让他们多读一些经典名著。老先生坦言，他如今的学识正是得益于幼年时期的训练和熏陶。

那么，什么样的书才能称之为经典名著？很多家长对此并无明确的概念，他们认为只有老师推荐的，或者出现在课本、考卷上的书才能称为名著。在家长的督促下，孩子会觉得读这些书只是在应付考试而已，感受不到名著的魅力。

在一些家长的观念里，符合当代主流价值观的书即名著，比如《红岩》等。这种看法并不客观，能够在历史中源远流长、始终熠熠生辉的书籍才可称之为经典名著。

名著也不一定只包含文学的范畴。家长想要当好孩子的阅读领路人，先得提升自己的眼界，主动去拥抱广阔的书香世界。

名著涉及的领域很多，比如哲学、艺术、科学、历史等。每个孩子都该拥有属于自己的名著清单。如果孩子对艺术感兴趣，家长可以为他们买一套《艺术哲学》；孩子喜欢历史，就为孩子挑选一些历史方面的专家名著，比如《全球通史》《时间简史》等。

很多孩子都有过被家长买的“大部头”折磨得不胜其烦的经历，结果对名著留下了“后遗症”，一提到读名著，就像是被安排写作业一样没有乐趣。家长若自己都没看过几本名著，却对孩子诸多要求，一定无法得到理想中的效果。

曾有一位记者来到某小学，随机采访了十几位小学生，记者问道：“各位小朋友有读过《傅雷家书》《边城》《恰同学少年》《帽子的秘密》这些书吗？”

小朋友们迷茫地看着记者，不约而同地摇起了头。一位小男生说：“这些书实在是太枯燥了，没有网络小说好看。”另一个小朋友则回答说：“爸爸给我买了好多厚厚的书，要求我看完，但我看了好久，连一本都没看完。”

想要激发出孩子对经典名著的兴趣，家长可采取以下建议：

1. 从电影、动漫、游戏入手。

很多名著因为人物形象立体饱满、故事情节曲折丰富，被改编成了电影、游戏等诸多形式。比如电影《雾都孤儿》《爱丽丝梦游仙境》等，托尔金的《指环王》及刘易斯的《纳尼亚传奇》都被改编成游戏、电影。

家长可以先带着孩子接触这些更富娱乐化的形式，等孩子熟悉了故事情节、人物后，很可能会主动提出要买原著阅读。

2. 挑选名著中最精彩的片段开始阅读。

比如《西游记》中的“大闹天宫”“三打白骨精”等都堪称经典章节。若孩子没有耐心，家长可以将这些片段单独拎出来，激发孩子的阅读兴趣。

3. 带孩子参观作者故居，或带孩子参加与作者、故事中的人物息息相关的活动。

比如很多地方会举办“讲孔子故事”的活动，孩子在参加的过程中会了解到孔子的生平经历，这时候家长再将《论语》推荐给孩子，孩子自会欣然接受。

有条件的家庭可带孩子去参观名人故居，比如老舍故居、曹雪芹故居纪念馆，或者国外的勃朗特三姐妹故居等。路上家长可以和孩子说一些名人创作背后的故事。

8~14岁堪称孩子人生中的黄金阅读期，家长要充分利用好这一时间段，让孩子多读一些经典名著。这其中，少不了家长的有效引导。家长不妨将名著中艰深晦涩的文字转变成适合孩子认知的内容，并尝试着从书中挖掘出一些有价值的话题来引发孩子思考。

很多名著适合反复咀嚼，家长可以由着孩子的兴趣来，不必给孩子的阅读设置期限，比如说必须一年内读完某本书。孩子如果对某本书感兴趣了，就多读几遍，没了兴趣，就暂时丢在一旁。家长不要过多干涉，孩子很可能过了这个阶段又会将书捡起来从头再读。

能够被称之为“经典”的作品一定历经了时代的考验，让孩子从简单的绘本开始接触名著其实是在为未来打基础。孩子当前可能因为年纪太小而无法理解名著中那些复杂的情感，但这些阅读的时光却给孩子的一生都留下了深刻的烙印。按照陶德麟教授的话来说，便是“慢慢成了自己的东西，终身受益”。

如何让孩子的功课和课外阅读平衡发展

很多家长好不容易让孩子对阅读产生了兴趣，开学之后，繁重的学业却频频打乱孩子的阅读计划。究竟是将阅读进行到底，还是让孩子将所有精力集中于功课上？

小涵是一名五年级的小学生，明年就要面临小升初考试。小涵的妈妈十分反对他读课外书，害怕他读了“闲书”，心会变“野”，导致学习成绩退步。

一天放学回家后，小涵一头钻进自己的房间，悄悄关上门。妈妈起了疑心，找借口让小涵和她一起去超市，谁知她喊了几遍小涵都没听到。妈妈推开门，发现小涵正趴在桌前津津有味地读着一本书。她走进去夺过来一看，是一本厚厚的小说。妈妈一怒之下，把小说撕得粉碎。

有些家长担心孩子会因为读多了课外书而偏科，可实际上教科书不可能面面俱到地教给孩子所有知识，课外书是教科书的补充和延伸。课外阅读能给予孩子全面的营养，孩子有了足够的阅读量，理解能力就能大幅提高，学业反而会进步飞速。因此，教育专家建议，基础教育阶段的孩子每天至少要保证20~30分钟的阅读时间。

若确实发生了孩子因痴迷于课外书而对功课造成影响的情况，家长也不要发怒，这是可以引导的。比如，用小游戏将学习与课外书结合起来，激发孩子的学习兴趣。

妈妈陪着七岁的晴晴看完了一本有趣的故事书，之后她们玩起了一个小游戏。妈妈迅速说出书中的某个名词、某句话，晴晴翻开书，耐心地找了起来。晴晴找到对应的那句话便大声朗读，妈妈随机圈出这句话中的某个词语，让晴晴默写出来，之后再结合这个词语造句……

孩子如果问："妈妈，我能先读会儿书再写作业吗？"这个时候，家长一定要让孩子明白，学校功课是首要的，必须先做完作业才能看课外书。最好在孩子小学阶段，课业不太繁重的时候引导孩子大量阅读，提升孩子的眼界，这也是为之后的学业打基础。

然而，随着孩子年级升高，家长又开始担心：孩子功课那么忙，很难保证孩子课外阅读的时间，应该怎么办？阅读固然要变成孩子的每日必修课，但家长可"弹性"对待。首先，阅读的内容不可拘泥，时间充裕就去读艰深长文，时间短就选择浅阅读。阅读的形式也不必局限于文字，可选择收听有声读物等。

如果实在挤不出太多时间，就要慎重为孩子选择阅读材料。例如，一位妈妈每天都会让孩子诵读一首古诗词，这花不了多少时间，但日积月累下来，孩子也能背很多首古诗词了。

为了让孩子将阅读习惯坚持下去，家长要定期为孩子制定一些伸手就能够着的阅读小目标，比如每学期读完10本书，这样，孩子才会主动找时间去阅读。

想要彻底解决孩子功课和课外阅读平衡发展的问题，家长得教孩子学会时间管理。具体可参考以下建议：

1. 利用好碎片化时间。

有的家长会让孩子随身带着课外书，利用早上上学前，或乘坐交通工具的空闲时间去阅读。利用这些碎片化时间，积少成多，也能大有收获。

2. 提高课内作业效率，节省时间。

让孩子明白，校内时间必须好好利用。听课效率高，就免除了课后复习、背诵默写的时间；高质量完成作业，就免除了修改、重复抄写的时间；做作业时写字速度加快，花在作业上的时间就越来越少。如此一来，阅读课外书的时间就增多了。

3. 免除没必要的兴趣班。

课外小灶、兴趣班一多，孩子就没有足够的时间和精力去阅读了。这时候家长要做好权衡，宁愿免除一些不必要的兴趣班，也要给孩子留出整块的阅读时间。

4. 寻找合适的阅读工具。

比如说用自己的手机下载一些软件，帮助孩子规划日常课程学习和课外阅读，并和孩子一起定期做阅读打卡，这会让孩子的成就感油然而生。

当然，无论家长计划得如何周全，生活中却常常有意料之外的事情发生，比如，家长在与孩子一起制定日程表的时候，不要将时间都填满，最好空出一些时间。这些时间可以用来弥补孩子被“侵占”的课外阅读，也可由孩子自主安排。

其实，在繁重的学业之余，让孩子保持阅读习惯，对他们而言是一种精神上的放松和享受，能有效减轻孩子的学习压力。

第七章

树立梦想，让孩子成为有教养、有理想的人

选择饭碗教育，还是梦想教育?

孩子学习态度懒散，总认为是在为家长学。家长不免焦心不已，于是，常常教育孩子，在学校一定要循规蹈矩，抓紧一切时间去学习，这样才能考上好大学，找到好工作，端上金饭碗。可是孩子却对家长的话左耳进右耳出，满脸不在乎的样子。到底应该怎么办?

其实，很多时候饭碗教育产生的效果远远比不上梦想教育。

著名作家、电视节目主持人黑柳彻子小时候在上课时总是不认真听讲，经常违反纪律做一些出格的事情，成绩也变得越来越糟糕。黑柳彻子的妈妈是一位温柔的女性，在听到老师对黑柳彻子的批评后，她没有责怪孩子，而是找到另一所学校，为孩子办理了转学手续。

多年后，黑柳彻子回忆说："如果，当我还是一年级的小学生时，妈妈对我说'怎么搞的? 你竟然弄到要退学！我们只好再找一个学校了，如果再退一次学，就没有学校要你了！'那样，当我第一天走进巴学园时，会是多么沮丧而惴惴不安啊！"

妈妈经常带着黑柳彻子去室外玩耍，有一次，黑柳彻子看到街边的宣传艺人，心生渴望，立马对妈妈说长大后想当宣传艺人。妈妈很开心，第二天她就为黑柳彻子找来了一大堆有趣的资料……

很多家长为了让孩子产生危机感，会对孩子反复强调社会竞争有多激烈。他们的本意是为了让孩子奋发图强，从小就有一颗不甘落于人后的心。可是，对于不谙世事的孩子来说，他们本人无法感受到危机的存在，因为他们产生不了跳出危机的紧迫感。

饭碗教育有其独特的作用，比如说，一名农村孩子第一次来到大城市的时候，内心不由深受震动。不用家长强调，这名孩子已经开始对自己进行危机教育：“如果不好好努力，永远也融入不了这样的世界。”上一代很多年轻人正是在危机教育中崛起的。

然而，这一代的很多家长却忽视了社会大环境的变化。绝大部分孩子都出生在衣食无忧的家庭中，家长描述的未来场景在孩子们看来遥不可及。孩子的第一反应一定是不相信，哪怕信了也会抱着同一个心态：“反正有父母在，饿不着咱们。”

面对低龄孩子，家长进行过多的危机教育只会给孩子带来不安全感，不利于孩子的身心健康。而初、高中阶段的孩子已经感受到了扑面而来的危机，家长再过多强调反而会增加孩子的焦虑感。这时候，危机感不仅无法成为孩子学习的动力，还会变成压力和阻力。

科学研究早已证明，无论是成年人还是孩子，只有在为兴趣和梦想埋头前进时，才甘心苦中作乐，并乐此不疲。家长应该用梦想教育来代替饭碗教育，从孩子的爱好、兴趣着手，挖掘孩子的优势、潜能，早早地在孩子心中埋下一颗梦想的种子。

家长应该做的，是在日常生活中对孩子的兴趣多加观察，耐心倾听孩子的心声，同时挖掘、呵护和培养孩子的梦想，鼓励孩子为梦想而战。

雷雷第一次尝到披萨的时候惊呆了，他对爸爸说：“真想知道这个饼是怎么做出来的。”爸爸对这句话很上心，他立马为雷雷订了各种美食杂志，带着雷雷了解起披萨的起源、做法。

到了雷雷上高中的时候，他对西方的各种美食产生了浓厚的兴趣。雷雷的老师不止一次劝说雷雷爸爸督促雷雷学习，备战高考。最后爸爸却听从雷雷的心愿，将他送入了一家知名餐饮学校学做西餐。毕业后，雷雷直接进入一家五星级大酒店实习。再后来，他被送到法国进修。当他回到国内时，已经成为远近闻名的西餐厨师。

梦想从何而来？它基于两个方面，其一是对实现自我价值的渴望，其二是源于现实。人人都渴望用梦想来证明自己。对于孩子来说，这种动力会更强烈。

另外，梦想不是凭空产生，孩子只有深入生活，了解生活，并发自内心地热爱生活，让成长过程鲜活生动，才能建立起更具体、更现实的梦想。

家长在进行梦想教育的过程中应注意以下事项：

1. 带孩子去体验馆，体验不同的职业，尝试各种新鲜事物。

家长不妨试着从实践中入手，为孩子提供丰富多彩的实践活动。在家中可以鼓励孩子多多动手，体验劳动。同时，多带孩子到体验馆，感受不同的职业氛围，比如医生、教师、警察、消防员等，以满足孩子的好奇心，梦想或许就此发芽。

2. 引导孩子去阅读、观看追逐梦想的电影、动画片、小说及名人传记。

比如迪士尼的儿童电影《寻梦环游记》；励志电影《当幸福来敲门》《奇迹男孩》；《纽约时报》畅销书作家安德里亚·贝蒂写给孩子的梦想三部曲《罗西想当发明家》《乔伊想当建筑师》《阿达想当科学家》；儿童故事书《不一样的卡梅拉》等。

3. 让孩子多接触身边有梦想的人，给孩子带来积极影响。

围绕在孩子身边的家人、老师、朋友若能怀揣着火热梦想，并身体力行地为梦想去奋斗，将会给孩子带来积极的影响，孩子便能明白梦想是件既有趣又有意义的事情。

家长要经常和孩子谈论梦想，对孩子的教育一定要从大的层面出发，让孩子尽可能拥有更高的眼界和心胸。家长若只盯着眼前的饭碗，孩子未来的格局和成就也难以大得起来。正如教育专家所言：“教育的关键，就是鼓励孩子‘做梦’。”

好孩子不是得第一名，而是被唤醒梦想的种子

大多数家长喜欢向孩子灌输“一马当先”“力拔头筹”的观念。如果将孩子当作一辆汽车，爸爸妈妈、爷爷奶奶、外公外婆都在牟着劲儿地推着汽车前行。然而，孩子自己却一直拉着手刹。虽然全家人推得辛苦，但车却越开越慢，搞不好随时会爆胎。

只有将手刹放松，将发动机点燃，汽车才能顺利地开起来。可见，家长要想让孩子在人生路上向前飞驰，不应该逼迫孩子去拿第一名，而是想办法激发孩子的内在动力，点燃孩子的梦想。

著名学者林清玄小时候读书很差，每次考试都不及格。有一次他好不容易考过60分，拿着卷子回家给父亲看。父亲接过试卷，反而爽朗地笑起来。

父亲宽容的态度让林清玄很惭愧。虽然林清玄学习成绩不太好，父亲却敏锐地发现林清玄喜欢看书，便鼓励林清玄用笔记录下心中的想法。于是，林清玄开始尝试起了写作。身为农夫的父亲常常对他说：“写作也像耕田一样，只要你天天下田，就没有不收成的。”

林清玄建议广大家长：“如果你的孩子是第一名，就让他别那么努力，轻松拿到第7名到17名就可以了；如果你的孩子是后几名，那就让他努力进到前17名里面吧。”

家长都很重视孩子的成绩，但是孩子一直在获取高分的压力下学习，会特别容易陷入某种怪圈。孩子不堪重负之下，成绩反而越来越差，连对未来的信心与勇气也渐渐丧失。

单纯以成绩的高低来评判孩子的未来极不客观。人的五指各有长短，孩子也是一样。有的孩子虽然在学习上欠缺天分，但他们的优势往往体现在别处。家长要通过文化课在内的多种教育形式，让孩子的天赋得到最大可能的发挥。

想要唤醒孩子内心梦想的种子，家长就要牢记教育圣人孔子的“因材施教”，根据自家孩子的特点来教育孩子，学会引导和陪伴孩子走向最适合他的方向。

其次，观念是根本。面对孩子的教育，家长一定要舍得投资。为了让孩子能自由快乐地成长，家长要尽力为孩子提供更好的舞台。

至于孩子的成绩问题，家长既不能“唯成绩论”，也不能放任自流。要在日常生活中与孩子一起做好学习规划，比如假期里每天在作业上花多长时间，应该达到怎样的完成度，有问题找谁请教等。同时制定好孩子违反约定必须接受的惩罚。

比如孩子的作业若没有按时完成，或者作业错误率高，让孩子接受玩乐时间减半的惩罚。制定好规则后，家长不要过多干涉孩子自己的安排，只要适时提醒孩子分清事情的轻重缓急即可。每一次测验成绩出来后，与孩子一起分析问题出在哪，怎么改进，教孩子总结经验。

白岩松在看到自家儿子的中考成绩后，感到非常开心。他的理由是孩子“没考得太好”。他曾对儿子开玩笑道：“你要是考上了北京最好的高中，我跟你急！你要是考了第一，我们就断绝父子关系！”而在白岩松写给儿子的“人生邮件”中，他解释说：“争第一的人总是紧盯着对手，也许会用上很多不善良的手段。”

儿子喜欢看球赛，白岩松非但不干涉，还很支持。有时候他甚至会纵容儿子半夜看球。他说：“坚持做完自己心中感兴趣的事情，这个毅力是课堂上学不来的，不应该看低孩子的兴趣。”

很多家长总是看不惯孩子的一些兴趣爱好，怕孩子玩物丧志，耽误了学习。然而，孩子的梦想和天赋或许正藏于某个兴趣之中。家长要学会理解、认可，当孩子说起那些有意思的事情时，家长要像朋友一样耐心地倾听，并主动去关注孩子感兴趣的领域。

比如有的爸爸会给孩子买英雄联盟的纪念品，和孩子一起去参加电子竞技；有的妈妈会为孩子的音乐爱好给他报吉他班，或者带孩子去看他喜欢的明星的演唱会……

当孩子对家长的信任与日俱增时，家长可以利用自己在孩子心目中的“影响力”，引导孩子深入了解所喜爱的领域，扩大孩子的眼界，帮助孩子形成清晰的目标和梦想。

随着社会的发展，行业只会被无限细分下去，孩子未来能在任何一个领域发挥出独一无二的作用都能如愿过上期待中的生活。如果家长一味地逼迫孩子为了得高分而学习，却不注重挖掘孩子真正擅长的领域，孩子很难成才。

家长要以身作则，教孩子去认识生命的多元价值，让孩子对内心深处喜欢的、想要的、心甘情愿付出努力追求的一切始终怀抱热情。

尊重孩子的梦想，不贬低

看着孩子一日日成长，家长或许也曾在脑海中想象过孩子今后的模样。是手捧书本站在讲台上教书育人的大学讲师？还是背着公文包穿梭在办公大楼间的高级白领？家长总是会询问孩子关于梦想的问题，却屡屡因孩子的童言稚语而哭笑不得，甚至因为不赞同孩子的梦想而恼怒……

五岁的毛毛正坐在沙发上看童话书，见毛毛无比专注的样子，妈妈逗他说："毛毛，你长大后想干什么呀？"毛毛指着书上彩色的绘图，说："我长大后要开挖掘机！"

妈妈皱起了眉头，说："开什么挖掘机，毛毛，咱们长大后开飞机好不好？"毛毛却不管不顾道："不嘛，我就要开挖掘机！"妈妈生气地说："俗话说三岁看老，这孩子真没出息。"

这位妈妈望子成龙的心态可以理解，但是单纯地用金钱、地位作为孩子未来规划的前提，却并不值得推崇。有的家长不管孩子梦想成为什么样的人，只要孩子的梦想与考上名牌大学无关，就会恶狠狠地讽刺、打击、贬低孩子的梦想，这种做法更是大错特错。

还有一些家长之所以对孩子的梦想不屑一顾，是因为他们觉得孩子总是变来变去，不踏实、没有定性。可是，孩子对梦想的不确定，其实是孩子探索世界的方式，及他们好奇心的体现。家长应该利用这个机会鼓励孩子多去尝试，帮助孩子弄清他们内心真正想要实现的愿望是什么。

幼年时候的阿姆斯特朗在院子里玩耍，他的欢呼声令正在做饭的母亲吓了一跳。母亲问道："你在做什么？"阿姆斯特朗说："我想跳到月球上！"母亲不假思索地回答道："哦，原来是这样。但你一定要记住，别忘了回来！"

阿姆斯特朗的母亲在听到孩子异想天开的梦想时，没有打击孩子，反而用幽默的口吻鼓励孩子。等到阿姆斯特朗长大后成为第一个登上月球的宇航员。

梦想对于孩子的成长来说，有着无与伦比的激励作用。在儿童心理学家看来，梦想是孩子自我形象的理想化。家长在听到孩子梦想的当下，鼓励孩子大胆追梦，孩子的内心便会升腾起无穷的内驱力，变得越发快乐、积极。

反之，家长若习惯了以成人的思维去衡量孩子的梦想，并对孩子大泼冷水，口出恶言，孩子只会在潜意识里越发认同家长的想法，再也不敢轻易挑战新鲜事物。

有的家长除了不尊重孩子的梦想之外，还会对孩子心目中的偶像嗤之以鼻。这种做法只会在孩子与家长之间砌起一面厚厚的墙。不了解就没有发言权，为了了解孩子的所思所想，家长首先要对孩子喜欢的偶像有深入的了解。平时多与孩子讨论偶像的成长史和奋斗史，让孩子明白没有谁能随随便便成功的道理，同时给孩子的"圆梦计划"提供坚实的后盾。

电影《跳出我天地》的主人公是11岁的小男孩比利，他出生在一个普通的小镇上，父亲和哥哥都是矿工。尽管家庭条件困难，但父亲每周都会送比利去上拳击课，为的是让比利能练成强壮的身体保护自己。然而比利却对拳击毫无兴趣，他天生喜欢音乐和舞蹈。

比利用上拳击课的钱偷偷去学芭蕾舞。父亲知道了这件事后大为光火，在他看来比利作为男孩却梦想成为一名芭蕾舞演员是一件可耻的事情。然而，当父亲发现比利对于舞蹈的激情和天分后，不由深受震撼。他典当了过世妻子留下的手表和金饰，送比利去伦敦参加芭蕾舞校的入学考试。想不到比利真的被这所学校录取。

经过长达十多年艰苦的练习后，比利成为英国皇家芭蕾舞团最顶尖的舞蹈演员。

除了嘲讽孩子的梦想外，家长还经常走入以下误区：

1. 无论孩子说什么、做什么，第一时间否定。

有些家长习惯于端起大人的架子，在未加了解的前提下随意评判孩子的想法和做法。于是，孩子说什么都是荒唐的，做什么都是错误的。

2. 只看重结果，不在意过程。

有一则广告描述了这样一幅场景：孩子拿着成绩单垂头丧气地回到家，妈妈看到成绩单上刺眼的红字刚想出口教训孩子，却突然想起孩子深夜伏案学习的背影，妈妈的心软化下来，她只是摸了摸孩子的头，没多说什么。

然而，现实生活中，绝大部分家长只在乎光鲜的结果，却对孩子努力的过程视而不见，这极大损伤了孩子的自尊心及学习的动力。

3. 不断在孩子面前提及他们的“黑历史”。

孩子做事不尽如人意的时候，家长一而再再而三地提及孩子过去的错事，这已经成为很多家长惩戒孩子的“利器”。

4. 总秉持着负面的思维方式。

很多家长在与孩子相处的过程中，恨不得每一句话都在假设最坏的场景。比如说，“你老是淘气有谁会喜欢你”“你不听我的话只能长成个废物”“这次失败了你一生都完蛋了”……这种消极的思维方式是孩子成长的阴影。

每个有梦想的人，都是与众不同的。家长对孩子梦想的坚信不疑，是孩子获得力量、勇气和信心的最有效途径。每当孩子怀疑梦想的时候，家长要及时给孩子加油打气。

给孩子多些引导，不要让梦想成为空想

很多孩子并不缺乏梦想，只是不知道该如何行动，即使勇敢迈出了第一步，但也坚持不下去，或在行动中与最初的目标渐行渐远。于是，孩子的梦想慢慢变成了空想。这时候家长一定要加强引导，守护好孩子的梦想。

6岁的晓宇对野生动物十分感兴趣，他常常缠着妈妈给他讲小动物的故事。电视上若是在播放关于野生动物的画面，晓宇会立马停下手中的事情，目不转睛地盯着看。妈妈开玩笑说："晓宇，你要是能学会野生动物背后的知识，长大后就能当动物学家了。"

晓宇一口答应下来，满脸的认真。过了一会儿却欲言又止道："可是我觉得好难啊……"妈妈听了没说什么。第二天，她特意买了很多图书，教孩子认起野生动物来。放暑假的时候，妈妈带着晓宇去了海洋馆看海豚，又去了四川看大熊猫，还给他买了很多动物卡片。

将孩子的兴趣、潜力变成优势，在开始阶段往往是最难的。孩子一定是懵懵懂懂的，家长在知道孩子的梦想后，首先要做的是帮助孩子坚定心中的想法，让孩子清楚地认识到自己的能力。同时还要引导孩子改正不良的学习习惯，变得更积极阳光。

为了最大限度地激发出孩子的兴趣，家长可以多收集一些与孩子梦想有关的信

息，或者通过各种渠道带孩子亲身接触梦想，体验那份氛围。

孩子都是脆弱的，家长想要让孩子持之以恒地为梦想而努力，首先要保证自己有足够的耐心和毅力。在孩子通往梦想的旅途中，家长不能因为一点点失败就将孩子全盘否定，要坚持为孩子打气。孩子若是遇到了困难，家长应化身“护航人”，和孩子一起共渡难关。

学习一项技能，或者朝着某个梦想去努力，一定是一段非常枯燥、艰辛的过程。为了打牢基础，孩子需要做很多重复性的工作。作为孩子的领路人，家长要帮助孩子发掘和享受其中的乐趣，让孩子顺利地度过这一阶段。同时，家长应看得比孩子更高、更远才行。

比如电影《摔跤吧，爸爸》中，父亲想尽办法带着女儿去参加比赛，女儿从一开始的不情不愿，到后来逐渐体验到竞技比赛的魅力和胜利的喜悦滋味，慢慢爱上了摔跤。父亲还告诉女儿，得了摔跤冠军就能掌握自己的命运。正因爸爸意识超前，想得深远，女儿才对摔跤这项运动有了真正的崇敬，并最终战胜了命运。

美国小女孩莎拉在13岁那年对生物化学产生了浓烈的兴趣。她一直在思考这样一个问题：“为什么普通的藻类能够替代传统能源？它为什么卖得这么昂贵呢？”见莎拉张口闭口就是“再生能源”，父母欣慰之余，也尽可能地帮莎拉朝着这个方向探索起来。

他们带着莎拉去探访美国最顶尖的实验室，并想方设法地联系相关领域的专家教授，希望他们能够解答莎拉的问题。父母甚至帮助莎拉在家中组建了一个像模像样的实验室，给她买来各种实验材料，和女儿一起培育藻类植物。

每当莎拉抱怨自己花费那么多时间却一无所获的时候，母亲总会温柔地鼓励她，父亲则建议她将自己的作息时间按照藻类的生长周期稍加调整。有了父母的全力支持，莎拉慢慢变得乐在其中。她花了五年的时间，终于有了一个震惊科学界的发现：原来在天然藻类中添加特定的除草剂就能分离出产油相对较高的海藻……

很多家长会忧愁这样一个问题：当家庭物质条件难以支持孩子实现梦想的时

候，是该坚定不移地守护孩子的梦想，还是劝说孩子放弃?

家长往往会因为没能给孩子提供更多的帮助而自责。可是家长若过多地在孩子面前展露这些负面情绪，对孩子的成长只会有害无益。当孩子的梦想与物质条件有所冲突时，家长一定要将真实的情况告知孩子，并向孩子分析其中的利弊，请求孩子的谅解。

孩子在一步步成长，见识、阅历也逐渐变得丰富，他们的梦想并非一成不变。家长的尊重会让孩子的内心变得越发成熟。然而，若家长不由分说地打断孩子的梦想，同时过分强调钱的重要性，会给孩子一种有钱才能实现梦想的错觉。

经济有限不代表无法圆梦。根据真实事件改编的电影《摔跤吧，爸爸》中的父亲，虽然经济局促到无法给女儿提供更多的营养品，可他还是成功将女儿送上了冠军的领奖台。

家长要善于评估孩子的决心，及其对梦想的专注度。哪怕经济条件不理想，也应力所能及地守护孩子的梦想。例如，孩子对钢琴十分感兴趣，虽然家里暂时买不起昂贵的钢琴，却可以带孩子去一些收费不高的钢琴培训班学习，或者带孩子去听音乐会。

在这个过程中，观察孩子的毅力和决心。如果孩子拥有足够的行动力，家长便无须焦虑，以自己的方式去支持孩子坚持梦想。无论现实条件如何，家长都该默默守护孩子的梦想，引导孩子脚踏实地地去追梦，这才是未来教育的方向。

不要将自己未实现的梦想强加给孩子

有些家长怀有名校情结，自己错失了上好大学的机会，于是逼自家孩子一定要考上清华北大；有些家长年轻时未能实现当政府官员的梦想，于是总要求孩子去考公务员；还有的家长自小渴望成为一名歌手，遗憾的是天赋不出众，于是四处送孩子去学唱歌……

家长总想着让孩子去实现自己的梦想，那么自己又在实现着谁的梦想？

乐乐的爸爸年轻时对围棋很着迷，他也曾想过以此为职业，却并未如愿。有了乐乐后，爸爸立志要将乐乐培养成国手。

乐乐一岁的时候，爸爸便带着乐乐去学围棋。不到一年，乐乐下起围棋来有模有样，让爸爸很是欣慰。他专门给乐乐请了市内最有名的围棋老师，还买了很多专业书籍，尽管乐乐这时候还不识字，根本看不懂书的内容。

每当乐乐和别的小伙伴下棋时，爸爸都会在旁边观看。有一次，乐乐竟然冲爸爸嚷嚷了起来："爸爸你坐远一点，好烦呐。"爸爸愣了，从那以后他发现乐乐似乎对围棋越来越厌倦。后来，乐乐在学校举办的围棋大赛中落选，爸爸十分恼火，他刚想教训乐乐，乐乐却突然放声大哭起来，一边哭一边说："我不喜欢围棋，我讨厌……"

很多家长会疑惑：为什么孩子越大，自己与孩子之间的矛盾越多？在考虑其他因素之前，家长不妨反思一下，是否一直在将自己的意愿强加给孩子?

靠着家长的逼迫、督促，孩子定能功成名就？这样的例子有，但极其稀少。相反，有数以万计的孩子被家长压在肩上的梦想粉碎了对未来的希望。

教育专家分析，家长将自己的心愿“转嫁”到孩子身上，说穿了其实是人的控制欲和自私心在搞鬼。控制、驾驭周遭的人、事、物堪称人的天性。所以很多人都在想方设法地争取控制权。当他们成为家长后，便不自觉地将孩子当成自己生命的延续，乃至为自己圆梦的工具。

另外，这其实也是一种“代偿心理”的真实写照。让孩子代替自己去实现小时候错失的愿望，避开过往的种种遗憾，很大程度上能够缓解家长的焦虑情绪。然而，一旦“代偿”的结果不如预期，原本焦虑的情绪便会卷土重来，变得越发强烈。

很多家长虽然盼望孩子能够幸福成长，但总是有意无意地给予了孩子很多痛苦。他们总会不自觉地抱怨说“为了你，妈妈受了多少苦”“爸爸辛苦工作、拼命赚钱都是因为你”“爸妈不离婚是为了谁啊”“打你骂你都是为了你好”……

将孩子当成自己的复制品，将生活中的一切不如意都推到孩子身上，久而久之，孩子自主成长的空间便一再被挤占。有些孩子为了让家长满意，学会了察言观色、虚与委蛇，慢慢地变成一架失去自我灵魂的机器。别折磨孩子了，每个人的梦想都该靠自己去实现。

哈佛大学教育研究院心理学教授霍华德·加德纳说人生来有八项智能：语言智能、空间智能、数学逻辑智能、肢体运作智能、音乐智能、人际智能、内省智能、自然探索智能。孩子究竟哪一项智能更突出，光靠平时观察可能还不够，必要时刻还需带孩子去专业机构测试。

将孩子的天赋、兴趣抛在脑后，家长盲目将自己的愿望强加在孩子身上的行为，无异是在抹杀孩子的梦想。有些家长总是以自己早已错过黄金时间为借口，顾虑重重不敢追梦，这其实是在给孩子树立负面榜样。与其不断追悔，不如为自己的梦想行动起来，让孩子将家长付出努力与坚持时的样子看在眼里。

沈静是一个很“酷”的妈妈，四十多岁的她突然参加了一个美声班，和一群90后的孩子们一起学起了唱歌。这时候她的小女儿小学都快要毕业了。她的三个孩子没有一个人对美声感兴趣，大儿子喜欢运动，准备报考体育学院，对此她很支持。二女儿喜欢烘焙，暑假的时候，她特意送二女儿去烘焙学校学了二十多天。小女儿只对画画感兴趣，她便积极带小女儿去看画展，参加各种绘画比赛。而她自己在忙工作、照料家人之余，也自学起了吉他，将生活安排得井井有条、丰富多彩。

诗人纪伯伦说：“你的儿女，借助你来到这世界，并非因你而来。你能给予他们的，是你的爱，而不是你的思想。你能保护的，是他们的身体，却不是他们的灵魂。”

如果家长能够直面内心的自私与控制欲，凡事从孩子的角度出发，多考虑孩子的感受和想法，这些难题便能迎刃而解。家长应当谨记这条原则：孩子是有独立人格和自由意志的人，他们有权按照自己的心意去规划属于自己的人生。

家长除了要尊重子女的自由意志之外，更要培养孩子自由选择的能力。“我小时候未能够实现的梦想，就靠我的孩子去替我实现了。”如果抱着这样的心态，一味将自己的梦想倾注在孩子的身上，放弃和子女一同成长的机会，既伤害了孩子，也伤害了自己。

教孩子制定目标，和孩子一起完成梦想计划书

孩子们做作业时总拖延至深夜；孩子虽然忙碌了一天又一天，功课却不见进步；孩子围绕着梦想高谈阔论，真去做时却茫然无措……其实，家长若能告诉孩子制定目标的重要性，帮助孩子完成一份“梦想计划书”，孩子便能提早避开成长中的种种陷阱。

相关研究早已表明，孩子能够从制定目标的过程中提高自律意识，养成良好的习惯。家长应当在孩子年龄很小的时候就教会孩子如何制定目标、“征服”目标。这样一来，孩子的自尊心会得到极大地满足。随着孩子步步成长，他们的自律性会变得越来越强。

于是，孩子们会认真思考每一阶段的学习计划，并按部就班地完成它们。无须家长的提醒，孩子也能及时从电脑屏幕前抽开身，投入到学习中去。因为他们知道，学习与玩乐占据着不同的时间段，必须严格遵守约定。

那么，家长该如何教会孩子制定目标和计划？不妨参考以下步骤：

家长要告诉孩子什么是目标，目标和梦想有什么关系。

目标其实是人们迫切想要做到的一件事情，而梦想是一个个小目标的目的地。家长给孩子解释目标定义的时候，不妨从生活中取材，将目标与孩子熟悉的事情联系在一起。例如，孩子想要在足球比赛中射门得分，告诉孩子这就是一个小目标。再向孩子解释：学会踢足球的技巧，赢下一场场足球比赛，成为一名优秀的足球运动员……这便是一个个小目标不断靠近最终梦想的过程。

家长可以亲身示范，何为“给自己想要完成的事情制定计划”。

有一个妈妈曾与孩子讨论起自己的减肥计划，她先告诉孩子说她想在三个月内减重十斤，然后向孩子展示了一份计划书，每日饮食和运动规划得清清楚楚。同时，她邀请孩子作为自己的“监督人”。三个月后，这位妈妈完成了目标，孩子也深受震动。

家长要经常性地向孩子展示制定目标的诸多技巧，孩子慢慢就会记住这样一个公式，“我要＋做什么＋何时完成”。最好让孩子亲身感受到“公式”变成现实的过程。例如，打扫卫生前，告诉孩子：“我想要在10点钟之前将三个房间都打扫干净。”

家长可以和孩子一起完成一份梦想计划书。可以先从一个小游戏开始，每个人都用彩色水笔在纸上写出自己的梦想，然后一条条列出自身优势，以及梦想与现实的差距，即目前需要改进的地方。

有一个孩子曾在纸上写下她想成为一名老师，她所列出的自身优势是：性格开朗活泼、字写得漂亮等，而需要改进的那一栏里却一片空白。

父母就这个话题与她讨论了很长时间，包括成为老师需要的素质、资质，师范学院的报考条件等现实问题，孩子很快意识到了自己的差距所在，对于未来的规划也变得清晰。

孩子的梦想计划书制作完成后，家长要做的是教会孩子“分解目标、化整为零”的技巧。先让孩子从当前着手，设立一份容易实现的短期目标。比如：放学后练习15分钟的钢琴；每晚读五页书，一个月读完一本书等。

有些孩子因为专注力不够，需要更加细化的目标。家长的任务就是帮助孩子将大的目标分解成一个个小的“动作”。前提是不要超过孩子自身能力。

等孩子有所进步后，可以逐渐加大目标的长度和难度。拿学习计划来说，让孩子弄清楚“what（什么）”和“when（什么时候）”的问题，然后让孩子将实现目标所要完成的任务一一写在任务表上，帮助孩子排好顺序，装订起来。

每当孩子完成一个任务，就撕掉一张卡片，让孩子感受到他离“目的地”越来越近的喜悦。在这一过程中，家长不要忘了做以下两件事情：

1. 向孩子列举他拥有的资源。比如说，孩子可以向哪些人寻求帮助；家长能够给他创造哪些条件；孩子自身拥有的先天条件等。

2. 及时记录孩子的计划进度。家长可以买些闪亮的贴纸，用来记录孩子的进度，然后将贴纸贴在冰箱、墙上等显眼的地方。青少年若有手机，鼓励他们将自己的计划表拍下来，设置为手机屏保。做这些事的目的都是为了激励孩子能够持续努力下去。

孩子若是成功攻下了一整张计划表，全家人不妨聚在一起庆祝一番。比如拍照留念，或者带孩子出去吃一顿大餐等。

有一位爸爸是这样做的，他买来鲜艳的气球，挂在客厅里，孩子一旦实现了一个小目标，就可以戳破一个气球。这时候，藏在气球里的特殊的小卡片会飘落下来。有一次，孩子终于实现了自己的目标，得到了戳破气球的机会，他拾起卡片一看，不由开心地欢呼起来。原来这张卡片是“兑奖券”，孩子可以用它来兑一份小礼物。

家长得让孩子明白“不积跬步无以至千里”的道理，万里行程，得靠着一步步行走才能实现。将大的梦想分解成具体的步骤，做好每一件小事，才能迎来胜利的曙光。

别只记得孩子的大梦想，却忘了满足孩子的小愿望

只要谈论起与孩子梦想有关的话题，家长们总会滔滔不绝：“我女儿对宇宙感兴趣，长大后想当宇航员”“他小提琴拉的好，说不定真能成为一名音乐家呢”……家长总是对孩子那些宏大的梦想念念不忘，却记不住孩子的小小心愿。

2017年，日本的一个6岁小男孩成了网络红人。他像很多同龄的孩子一样，渴望拥有一台属于自己的游戏机。然而，他们一家几口人都靠着爸爸微薄的薪水生活，大家都觉得没必要将钱浪费在一台游戏机上。圣诞节的时候，奶奶给小男孩买了游戏机的保护壳作为圣诞礼物。小男孩欣喜若狂，他立马动起手来，拆开废纸板自制了一台游戏机。

小男孩花了很长时间，又裁又画，制作出来的游戏机很是精美独特。父亲看到后感动不已，他将小男孩的作品发在社交网络上，同时决定要省出钱为小男孩买一台真正的游戏机。

相比那些大梦想，孩子的某些小心愿纵然渺小，却是孩子快乐的源泉。教育专家坦言，家庭教育的核心其实是关注孩子的幸福感，而它往往体现在日常生活中。

《中国教育报》曾刊登过一篇有关孩子心愿的文章，广州市少年宫对1000名孩子的新年梦想进行了调查，最热门的回答有：希望学习进步，身体健康；希望爸爸妈妈能带我去更多的地方玩；希望新年礼物是心爱的玩具；希望能认识更多的

好朋友……

从这篇文章中可以看出，孩子最渴望实现的往往是一些平常、简单的愿望。而很多家长却总是以忙为借口，一再拒绝倾听孩子藏于心底的声音。

很多沉迷于手机的家长更容易忽略孩子的内心渴求。导致家里经常出现这样的情景：家长只顾盯着手机上的视频，却顾不上老师布置的亲子作业；家长因为忙着看有趣的综艺节目，拒绝了孩子想要一起玩黏土的请求……在这种家庭氛围的熏陶下，孩子对电子产品的兴趣也变得越来越浓厚，他们心中梦想的火苗逐渐熄灭，每天除了玩手机外，什么都不想做了。

还有很多家长总觉得对孩子并不“亏欠”，逢年过节的新衣服、玩具、零食都是他们关爱孩子的“证据”。可是这些家长却忘了问一句，他们提供的，是孩子真正喜欢的吗？

有些家长花很多钱买来的礼物，孩子却并不喜欢，他们懊恼、不耐烦，孩子也伤心不已。他们总会以自己的眼光，去衡量孩子的选择。家长可以找出一堆理由去抨击孩子的那些小心愿，可是孩子心里却只有一个想法，凡是自己不喜欢的，就是不好的。

适当满足孩子的那些小心愿，让孩子时常体会到幸福感，正是树立他们健全人格的基础。而所有这些，都是孩子能够快乐成长、坚强逐梦的前提。

安徒生的父亲是个穷鞋匠，母亲则替别人洗衣赚取报酬。附近的孩子都不喜欢和安徒生一起玩。那时候，他最大的心愿是找到一位玩伴。父亲知道了他的心愿后，笑眯眯地对安徒生说：“别的孩子不和你玩，爸爸来陪你玩吧！”

父亲真的陪着安徒生玩起了各种幼稚的小游戏，时常逗得安徒生哈哈大笑。安徒生特别喜欢听故事，父亲便专门抽出时间给他讲《一千零一夜》上的童话故事，有时候还会给他念莎士比亚的戏剧。父亲还痛快地答应了安徒生的请求，将安徒生简陋的房间布置得像一个小博物馆。他买来很多便宜的图画和瓷器用作装饰，并在安徒生的书架上摆满了书籍和歌谱。慢慢地，安徒生对各种寓言、童话等文学作品越来越感兴趣……

曾有一位母亲纠结于这样一个问题：她的女儿吵着要买一款昂贵的耳机，而她在乎的并不是金钱，她害怕满足了女儿的这个心愿，会让女儿沾染上奢侈、浪费的坏毛病。

面对这种情况，家长首先要了解孩子心愿的出发点是什么，究竟是真实需要，还是因为虚荣心在作祟。其次，衡量家庭经济情况，再决定买哪种价位。家长没必要为了满足孩子的虚荣心而缩减开支，这只会助长孩子的攀比心理。

其实孩子的那些小心愿往往没有那么复杂，比如暑假的时候去迪士尼玩一趟；和好朋友成为同班同学；做错事的时候，妈妈能心平气和地讲道理；多买一支棒棒糖吃等等。家长应该定期和孩子谈心，为孩子列一个小小的愿望清单，时不时地给予孩子一些惊喜。

那些小心愿，一开始只是一个简单的想法而已，若一再得不到满足，它们就慢慢变成了执念，甚至变为成长过程中的伤痛。长大后，孩子纵然有能力去实现当年的愿望，可这一过程并不美好，只因它早已失去了意义。在孩子的成长过程中，千万不要忽视这个问题，家长要在帮助孩子一步步实现宏伟梦想的同时，适当满足孩子的小心愿。

梦想路上，培养孩子的坚持力

法国微生物学家巴斯德说："告诉你使我达到目标的奥秘吧，我唯一的力量就是我的坚持精神。"在孩子实现梦想的道路上，家长最重要的是告诉孩子："如果心怀梦想，重要的是如何坚持不懈地实现它，而不要在乎别人如何看待你，以及梦想的前路有多艰难。"

有一天，妈妈突然问起艾莉娜·穆赫的理想，她骄傲地回答说："我想当美国总统。"妈妈很开心，但在查阅了相关资料后，却遗憾地告诉艾莉娜说："美国宪法规定，只有在美国出生的公民才有资格竞选总统，所以你可能无法达成这个愿望。"

原来艾莉娜是个华裔小姑娘，被穆赫夫妇所收养，并非出生在美国。见艾莉娜失望的样子，妈妈心里也很难过。艾莉娜摇头道："这太不公平了！"妈妈眼睛一亮："如果这条法律不公平，那我们不如想办法去推翻它。"艾莉娜和妈妈开始一起搜集相关资料。后来，在养父母的帮助下，艾莉娜来到所在州的议会，直言她的梦想就是成为总统。她试图说服议员，想让他们向国会提出修改这条法律。大家被小姑娘的勇敢感动了……

孩子对于梦想总是盲目乐观，一旦遭遇挫折便像泄了气的皮球，早知道这么难就不选这条路了。所以，当孩子跟家长诉说梦想时，家长可以鼓励，但不要过度夸大："你一定行，说不定学个几年就能赶上郎朗了！"家长应该和孩子一起做好准备工作，明确梦想路上会遇到的诸多挑战，比如说枯燥的额外练习需要占用更多空闲时间……

说这些不是为了吓退孩子，而是要让孩子意识到完成梦想需要付出坚持和努力。日本作者古川武士在其著作《坚持，一种可以养成的习惯》中披露：培养习惯进而达到坚持的目的，便能顺利实现梦想。家长帮助孩子养成更多好习惯，孩子的坚持力便能水涨船高。

坚持力指的是即使身处困难情境，也会为了达到某一目的而顽强不懈地克服困难，这是一种持久性行为倾向。3~6岁是培养孩子好习惯、坚持力的关键性时期。因为在这一阶段，孩子大脑皮质的抑制功能正渐渐完善，他们开始能较为稳定、平静地做事。为了培养孩子的坚持力，家长可让孩子重复做同一件事，并延长时间。

比如说，和孩子玩飞行棋的游戏，等孩子慢慢熟悉了游戏的流程，便一点点提高难度，勾起孩子的挑战欲。需要注意的是，虽然孩子活动的持续和深入需要家长的指导，但指导也要适度。家长该做的是在孩子最需要帮助的时候提供关键的支持和指导。

在孩子追梦的道路上，更容易坚持不下去的反而是家长。举个例子，这样的情况是否经常在生活中出现？

妈妈：“老师，我家宝宝在闹情绪，今天的吉他班就取消了吧。”

老师：“可是孩子已经连续请了很多天假了……”

妈妈：“今天起风了，宝宝体质太弱了，我觉得还是待在家里比较好。”

老师：“可是其他小朋友都在坚持……”

妈妈：“缺几天课没关系的，能赶得上进度。”

老师：“那好吧……”

家长不能因为一些比较小的困难，就随意让孩子停下脚步。日复一日的训练是梦想路上必不可少的一部分。孩子缺课太多，学习新知识的时候会很吃力，挫败感便会油然而生。慢慢地，孩子满腔热血就会冷却，最终的结果很可能是半途而废。

除此之外，家长为了培养孩子的坚持力，可参考以下建议：

1. 让孩子背诵名言。

鼓励人们坚持不懈的名人名言有着不可估量的作用，比如说“有志者事竟成”“宝剑锋从磨砺出，梅花香自苦寒来”“只要功夫深，铁杵磨成针”等。让孩子选择其中一条视为座右铭，当孩子遇到挫折的时候，这些话语便会起到鞭策的作用。

2. 依照“主线”为孩子制定计划。

有的家长在给孩子制定学习计划或“梦想清单”的时候，眉毛胡子一把抓，孩子实施起来极其困难。其实，家长应该抓住一条主线，由易入难，循序渐进，孩子实施起来便事半功倍。

3. 以启发式探索：什么对孩子最重要。

兴趣是孩子坚持下去最持久的动力。家长可以采取启发式提问让孩子明白他想要的究竟是什么。例如：“你觉得画画时感觉如何？”“你遇到了什么困难吗？”“多久才能突破瓶颈？”

4. 利用爬山等户外运动让孩子亲身体验坚持的重要性。

多带孩子去爬山，鼓励孩子爬到山顶，让孩子亲身体验“无限风光在险峰”“一览众山小”的种种滋味。这是对孩子意志力的锻炼。

孩子坚持不下去的时候，家长要耐心地陪伴在孩子身边，向孩子表明自己始终如一的态度，及时送上慰藉和表扬。家长要时刻尊重孩子的选择，其次要在孩子逃避、退缩的时候为他们指明方向，告诉孩子坚持才能赢得未来。

第八章

穷养富养，都不如好的教养

你不教养孩子，这个世界会狠狠地教育他

俞敏洪说：“教养是什么？教养就是当你走到一群人中间，你的行为恰当得体，让人感到礼貌和愉悦。”近年来，社会和媒体开始更多地谈论教养，因为大家发现，人民的经济上去了，钱包鼓了，但是对于道德修养的教育却没有引起足够的重视，所以网络上才有那么多关于“熊孩子”“熊家长”的负面新闻。

很多家长之前对教养也没有过多地关注，大的原则是尽量不打扰他人，不给他人造成麻烦。而有了孩子之后，便开始更加注意这个问题，因为家长都希望孩子成为一个有教养的人，而不是一个让人讨厌的人，孩子就像一面镜子，能够照出家长的诸多不足。没有哪个孩子天生懂规矩，家长需要做的是管好自己的同时也教会孩子。

有一次黄震带孩子出去吃饭，孩子和几个玩伴在一起，正玩得高兴，嗓门就渐渐大了起来。黄震马上把他拉回来，告诉他这是大家吃饭的地方，不能大叫。但是过了一会儿几个小朋友就爬到隔壁桌边上的沙发座位的靠背上去了，这时黄震又去把他们叫回来，告诉他们不要打搅其他客人用餐，应该坐在自己的座位上，否则就动用终极处罚手段了，这个时候孩子才有所收敛。

对孩子来说，他们是很难控制情绪和行为的，这个时候家长的任务就是要管教好他们，当然不是在公共场合打骂孩子，那样只会显得家长更加控制不住自己的情

绪。家长应该给孩子树立一个榜样，然后温和地告诉他该怎么做。当然，有的家长会说孩子太淘气，不听管教。这时候，家长就要反省一下自己是否对孩子的规矩和自律教育存在问题。

当孩子犯了错或者惹了麻烦，很多家长不以为意，找借口说："孩子还小，不懂事很正常！"但是出了家门，在社会上就不会再有人能这样容忍他们的不懂事。所以经常会在电视上出现这样的新闻：孩子用石头划停在路边的车，孩子妈妈熟视无睹，以致生气的车主直接把孩子踢飞。

当孩子惹祸的时候，有些家长不进行管教，反而用孩子还小作为借口，这是对孩子成长不负责的行为。要知道，家长不教育好孩子，在社会上是没有人会这样忍耐孩子的。

看到过一个母亲在网上发帖说：在餐厅吃饭，就因为儿子稍微调皮了一点就被打了一耳光！气得她一想起来就浑身发抖。

原来，这位母亲带儿子去附近的餐厅吃饭，她的儿子几次去打扰隔壁桌吃螃蟹的客人，最后儿子在未经允许的情况下去隔壁桌上抓螃蟹，被客人把手甩开，儿子直接动手打了这桌的客人，结果被生气的客人打了一耳光。

这个母亲愤愤不平的点在于：孩子年纪小，调皮点很正常，大人怎么能和小孩子一般见识？可是大部分网友不但没有对这位母亲表示同情，反而纷纷指责她，不及时管束好自己的孩子，又是谁的问题呢？

孩子现在还小，但终归是要长大的。如果家长现在不好好地教育孩子，犯了错还期待大家的原谅，那么，当有一天他走出学校，进入社会的时候，就没有人还会对他那么宽容。

萱萱两岁多的时候，妈妈带她乘坐高铁。萱萱因为太兴奋了，要跟妈妈玩游戏，每次赢了就哈哈大笑。前排的一个小哥哥想要睡觉，无法忍受萱萱的喧闹，于是对萱萱妈妈说："管好你的孩子！这不是你家。"

妈妈听了这话都愣住了，赶紧道歉。拿出绘本，让萱萱换一个安静的活动。此后妈妈带萱萱出门就更加注意了，尽可能不让萱萱去打搅别人。

家长要让孩子明白：这个世界不是由你说了算，也不会因为你的任性而自动退让，成长是一件需要认真对待的事，你必须对自己负责，也要尊重身边的每一个人。虽然在家里孩子能够获得家长的宠爱，但是外面的世界很残酷，孩子必须要主动成为一个有教养的人，才不会一次又一次地被这个社会狠狠地教育。

礼貌是教养的外在表现

每当孩子得到了别人的帮助却不知道说谢谢，面对长辈出言不逊的时候，家长总会板起脸教训孩子："一点礼貌都不懂，真没教养。"可是家长却忘了一个关键问题：孩子知道什么是礼貌和教养吗？孩子知道哪些行为该受批评，哪些行为却能受到赞扬吗？

一个三岁半的小男孩多次被妈妈埋怨没礼貌，让她丢了脸面。有一次，小男孩欲言又止地问妈妈："妈妈，究竟什么是礼貌呀？"妈妈不禁愕然。

毕淑敏说："教养是因教育而养成的优良品质和习惯。"三岁的孩子对字面意义上的"礼貌"是不理解的，家长一定要重视这方面的教育。

造成孩子不讲礼貌的原因有很多。首先与孩子的成长环境息息相关。孩子的各种行为举止都是通过后天模仿形成的。孩子一开始并不知道什么话不该说，什么事不该做，只是照着大人的言行模仿罢了。家长若是在日常生活中不讲礼貌，久而久之孩子也就养成了坏习惯。

孩子不讲礼貌，还与家长的管教不严有关。家长若是从小有意识地教导孩子什么是好，什么是坏，并做出正确的示范，孩子就不会轻易犯错误。

家长尤其不能忽略日常生活中的小细节。当孩子做出不礼貌的行为时要及时告诫孩子，并借助这个机会向孩子灌输关于礼貌、教养的知识。同时，家长在与孩子交谈时，一定要保持平静，有条有理并娓娓道来。注意少用命令的口气，要对孩子说“请”“谢谢”，随着孩子语言能力渐渐地成熟，他自己就会发现原来日常交流中少不了礼貌用语。

孩子没有礼貌主要表现在以下几个方面：

1. 遇到熟人、长辈不打招呼，或直呼其名。对长辈表现的没大没小、不够尊重。如果是因为孩子天性害羞，不敢向大人打招呼，家长应以鼓励、示范为主，不要苛责。

2. 喜欢打断别人的话，时不时插嘴。这个坏习惯会对孩子的人际关系造成负面影响，家长若不给出正确的引导，孩子只会变得越来越强势。

3. 说脏话、顶嘴。家长首先要反思自己，是否为孩子创造了干净的语言环境？先调查清楚孩子说脏话的起因是什么，很多孩子说脏话是为了引起大人的注意，家长的严厉训斥反而会强化这种不礼貌的行为。

王明珍的女儿刚学会说话时很是活泼可爱，喜欢叫人。可随着女儿的渐渐长大，却变得沉默寡言起来。一次晚饭后，王明珍带着女儿去散步，路上遇到了邻居家的伯伯。女儿迅速将头扭了过去，装作没看见，王明珍忍不住提醒道：“快叫伯伯好。”

女儿却低头不言，王明珍觉得有些难为情，着急道：“没有礼貌的孩子是得不到别人的喜欢的。”女儿却依然无动于衷。王明珍很生气，甩开女儿的手，快步向前走去。女儿紧张地走近她身边，小声地叫妈妈。王明珍却不理会女儿。回家后，她对女儿说：“我不喜欢没礼貌的孩子。”见女儿抽泣起来，王明珍又觉得很无奈……

有时候，孩子不讲礼貌可能是家长造成的。6个月到2岁之间的孩子会经历一个“怕生害羞期”，同时，孩子的独立意识也在不断加强，家长越催促、指使，孩子就越抵触。

那么，家长应该如何教会孩子懂礼貌呢？

1. 利用一些以礼貌为主题的故事绘本告诉孩子少插话、多倾听的道理。

家长在和孩子交谈时，要真诚地看着孩子的眼睛，认真听孩子阐述自己的想法。久而久之，孩子也养成了好习惯。平时可结合相关图书、故事告诉孩子大声喧哗，或者在别人说话的时候强行插话、打断别人的话、随意走开都是不礼貌的行为。

2. 家里有访客的时候，提前告知孩子，鼓励孩子去做“小主人”。

家里来客人前，可以和孩子说：“等一下有两位叔叔会来我们家玩儿，记得和叔叔打招呼哟。你来试着招待叔叔好不好？”教会孩子拿饮料、水果，这对于孩子来说是很好的锻炼机会。

3. 利用“角色扮演”的小游戏，模仿练习。

比如说，家长扮演客人，孩子扮演主人，模拟这种情境让孩子进行演习。玩完游戏后记得总结，让孩子知道哪些行为不够礼貌，哪些行为值得表扬。

4. 必要时，给孩子一个“台阶”下。

若家长无论怎么鼓励，孩子也不愿意和长辈打招呼，这时候，不要急着向孩子发脾气。对过于害羞的孩子来说，一个善意的眼神、微笑也是“打招呼”的形式。

遇到这种情况，家长不妨对孩子说：“妈妈知道宝宝最有礼貌了，你已经在心里叫过阿姨了对不对。下次记得叫大声一点，让阿姨听见哟。”

懂礼貌好比孩子人际交往的“通行证”，在教孩子关于礼貌、教养的问题时，千万不要逼、不要打、不要骂，更不能冷暴力。平时多给孩子正面的鼓励和帮助，若孩子确实出现了不文明的行为时，家长应该抽丝剥茧地跟孩子讲道理，严肃批评，但切记不要带着情绪去说话。

过度溺爱的孩子很“丢人”

孩子在家庭中的地位排第一，被特殊对待；一家人围着孩子转，无论大小心愿通通满足；孩子以哭闹、不吃饭、不睡觉来要挟家长，百试百灵……这样的情景在现代家庭生活中时常上演。那些被溺爱长大的孩子。后来怎么样了？

2017年，一则新闻引起了广大网友的关注。江苏镇江的一名无业男子向父亲索要5000元生活费，父亲瞧着26岁的儿子耍无赖的样子，断然拒绝。男子一气之下，竟然喝农药以死相逼。父亲对着记者倾诉道：“悔不当初啊，不该娇生惯养……”

哲学家卢梭说：“你了解什么办法可以让你的孩子痛苦吗？那就是，让他想要什么就有什么。他得到的越多，想要的也就越多，迟早有一天，你不得不拒绝他，这种意料不到的拒绝，对他的伤害，远远大过他不曾得到过满足的伤害。”

溺爱孩子的家长，往往有着如下表现：

1. 以孩子为中心。这种氛围中成长的孩子很容易“人来疯”，时刻希望别人围着自己转。一旦外界的注意力落到了别人身上，他们就会伤心、负气、妒忌，乃至做出种种过分的举动希望夺回焦点。家长总会因为孩子在公众场合大喊大叫而感到丢脸，却不懂得反省自己的教育方式。

2. 恨不得孩子成为自己的“小尾巴”。为了确保孩子的绝对安全，有些家长禁止孩子出门，甚至难以接受孩子离开自己的视线。他们的孩子在家往往横行霸道，出门了却胆小懦弱。

3. 习惯于向孩子央求祷告。很多妈妈在哄孩子吃饭的时候，总是不自觉地央求孩子，或者答应孩子买昂贵的玩具，孩子才把饭吃完。家长的威信因此而荡然无存，孩子也变得越来越不明是非，缺乏责任心。

为什么说过度溺爱的孩子很“丢人”？因为“熊孩子”性格的养成大多是由于家长的过于溺爱。孩子在种种特殊待遇及家长过分注意的目光中会变得越发自私冷漠，既缺乏同情心，也没有感恩的意识。

家长不给孩子立规矩，依从孩子心意安排孩子的饮食起居，同时又对孩子应尽的义务大包大揽。于是，孩子的好奇心、上进心被摧毁，渐渐地，孩子过上了胸无大志、得过且过的人生。

被溺爱的孩子离开家庭，来到公共场合时，往往表现得极其自我，很不讨人喜欢。等到他们离开家长进入社会时，又会因情商低、能力差遭受诸多批评。而这样的负面评价也将如影随形、伴随终生：“真不知道你父母是怎么教你的。”

跳水皇后郭晶晶多次被媒体拍到在地摊上给孩子买衣服。每次孩子出席活动时，穿的都是最普通的衣服。而霍启刚、郭晶晶也总是衣着简朴，落落大方。

大儿子还很小的时候，郭晶晶便带着儿子来到街头，鼓励儿子卖旗做公益。霍启刚还发了一条微博：“老婆作为活动大使、今天来到葵芳帮天水围妇联卖旗筹款！一家总动员、带儿子帮忙、特别有意义！开始有点害羞、但是后来就放开了、希望也学会助人的乐趣！我当然都帮衬一下！”

很多大富之家培养出来的孩子反而彬彬有礼，极有教养。因为他们的家长深知过度溺爱对孩子是一种伤害。

那么，家长应该怎样改正溺爱孩子的习惯呢？

1. 孩子哭闹得过分的时候，适当地冷落他。

无时无刻地关照、陪伴，对孩子而言可能是一种负担。当孩子闹起来的时候，家长不妨冷冷他，让孩子自己去梳理情绪。

2. 别轻易拿物质来补偿孩子。

很多家长因为工作忙，对孩子少有陪伴。为了弥补内心的愧疚，他们可能会拿钱来补偿孩子，或者对孩子有求必应。而这种补偿心理很有可能会引发家长对孩子的溺爱。其实，物质根本买不来孩子内心的尊重与信任。

3. 保持中立，不当面偏袒孩子。

当孩子和其他人产生矛盾时，很多家长无论孩子对错，一味偏袒孩子。他们将自己变成孩子的“保护伞”，害怕孩子受委屈，结果孩子的性格却因此变得乖张跋扈。家长要明白无论是自己或是孩子犯了错，都要秉公处理，绝不袒护，这样才能有利于家庭的和睦。

还有很多家长有着这样的无奈，家里老人总是在自己教育孩子的时候出面干涉，纵容孩子的坏习惯。遇到这种情况，家长一定要开诚布公地和老人谈一谈，争取让老人与自己站在同一阵线，让他们意识到这种教育观念会对孩子的性格造成不良影响。

心理分析学家菲利普·格兰贝尔说：“不断累积的父母的爱会支撑我们的一生。可是如果太溺爱，就会使孩子产生这样的信念：整个世界都必须在我的脚下。”溺爱容易让孩子生成“自恋型人格”，面对孩子，家长要讲原则，不能轻易满足、事事迁就，更不能剥夺孩子独立的权力。

“不听话”未必是孩子的错

天冷了，给孩子添了件外套，下一秒就被孩子随意扔在床角；孩子正在玩玩具，让他过来吃饭，可怎么叫都叫不动；孩子趴在桌子上做作业，一再告诉他要挺直腰板，孩子却充耳不闻……孩子为什么会这么“不听话”？家长怎么做，孩子才能听话？

妈妈带着女儿去菜市场，女儿看见什么都想摸一摸，一不小心就将菜摊上的蔬菜篮子打翻在地。妈妈生气道：“你能不能别冒冒失失的？”女儿撇撇嘴，委屈得要哭起来。妈妈皱着眉头说道：“把篮子捡起来，青菜都捡起来，那颗小青菜不要了，刚刚被你踩了一脚弄脏了，跟老板道歉，说你愿意赔偿老板的损失……”

她越说越多，女儿却手足无措地愣在原地。妈妈骂了女儿一顿之后，女儿却变得更加任性。看见什么都想摸，不给摸就大哭，妈妈不由叹起气来。

为什么这位妈妈批评完孩子做错了事情，可孩子却仍然不听话呢？孩子不听话的原因未必与家长想象的一样，它也许与家长发布指令不清晰有关。比如说，家长看到孩子的房间很乱，不由气恼地反问道：“你能不能把你的‘猪窝’收拾得干净一点？”这种问话模式其实给了孩子两种选择，而他一定会选择后一种：“不能”“不愿意”。

有的家长会对孩子说：“你要好好的，乖一点。”究竟何为“好好的”？怎么做才是“乖”？这样的话其实是很模糊的，孩子并不清楚具体应该怎样去做。

有时候，家长会将多个指令同时下达，或者重复下指令。一连串指令会让孩子感到混淆、力不从心，不知道该从何做起；而重复了一遍又一遍的指令会让孩子不胜其烦，心生排斥。

还有一种情况是，家长带着情绪给孩子下达指令。在这一过程中，孩子第一时间接收到的是家长不耐烦的语气、黑沉的脸色，而不是指令中的内容。比如孩子正在刷牙，妈妈却吼道：“磨蹭什么，抓紧时间收拾，过来吃饭！”孩子的心情瞬间跌到谷底，心里充满了抵触情绪。

另外，家长一味地站在自己的角度上去下达指令，却不考虑孩子的情况，也会迎来孩子的反抗。例如网上流传的那个小笑话：“有一种冷是你妈觉得你冷。”家长自己觉得冷，便拼命给孩子加衣服，可是孩子精力旺盛，并不觉得冷。这时候，孩子就闹起了情绪。

让孩子听话的目的应该是让孩子认识到什么样的行为应该做，什么样的行为不该做。家长千万不要本末倒置，为了让孩子听话而捆绑孩子的天性发展。

在让孩子“听话”的过程中，家长应该这样做：

1. 不乱用“不”字，多用正面词语。

比如说，“不要跑来跑去”，这里的“不”字可能会起到一个反推动力。不如对孩子说“走过来，坐在妈妈身边”，这样效果要好得多。

2. 下达的指令要清晰易做。

例如，孩子欺负别的小朋友，家长与其批评孩子：“不要太过分！”类似于这样的话，不如直接告诉孩子“和小伙伴道歉，语气要诚恳”。

3. 一次只下达一个指令，最好不超过15个字。

很多家长喜欢反复叮嘱孩子同一件事，或胡乱延伸内容，这反而会对孩子造成误导。例如，家长想告诉孩子：“出门直接往前走”，这一个指令足够清晰、有力，千万别强调后面这些话：“第一个路口不要转弯，否则你就白走了，第二个路口也要直走，别被路旁的游戏机吸引……”

4. 按事先约定，给予孩子警告和惩罚。

有些孩子不听话，其实与家长的纵容有关。当孩子违反约定时，家长却总想着“反正也没造成严重的后果，算了”。这样一来，孩子便摸透了家长的脾气，肆无忌惮地撕毁约定。面对这样的情况，家长应及时给予警告，若孩子还是不听，就要按照事先的约定给予孩子合适的惩罚。

很多时候，孩子太“听话”未必是件好事，因为听话的孩子最容易养成依赖的性格。家长凡事都想让孩子按照自己的指令去行事，孩子慢慢地便长成一个软弱无能的人。

听话的孩子大多有着这样一种惯性思维：只要听从他人的指示去做，事情就解决了。这样大脑便失去了思考的机会，不利于培养孩子的智力、观察力和判断力。

家长都希望下一代比自己更好。然而，孩子就算完全按照大人的安排去做，做得再好也无法百分百地完成大人的期望。这样一来，最糟糕的结果只会是一代不如一代。

孩子不可能事事都与家长站在同一立场上。孩子不听话，但是思维灵活，成长过程中反而会迎来更多机会。家长要容许孩子不听话，鼓励孩子去独立思考，去主动寻找最适合自己的道路，积极迎接挑战、攀登人生高峰。

好习惯带来好教养

很多家长都烦恼于这样一个问题："我家孩子习惯不太好，怎么办啊？"家长在这里说的"习惯"大多指的是孩子的学习习惯。除此以外，孩子的生活习惯、道德习惯等同样需要引起家长的关注。

世界著名教育家乌申斯基就曾说过："好习惯是人在神经系统中存放的资本，这个资本会不断地增长，一个人毕生都可以享用它的利息。而坏习惯是道德上无法偿清的债务，这种债务能以不断增长的利息折磨人，使他最好的创举失败，并把他引到道德破产的地步。"

1978年，75位诺贝尔奖获得者赶赴巴黎参加一个聚会。记者向其中一位白发苍苍的学者提出一个问题："您学到的最重要的东西来自哪所大学，哪所实验室？"

这位学者严肃道："是在幼儿园。"他侃侃而谈："饭前要洗手，午饭后要休息；学会分享；做了错事要及时道歉；自己的东西放整齐，不是自己的东西不要随意乱拿；学习要多思考，仔细观察大自然。这些都是让我受益终生的东西。"

著名教育家陈鹤琴先生曾指出："从出生到七岁，是人生中最重要的一个时期，什么习惯、言语、技能、思想、态度、情绪都要在此时期打了一个基础。"

通俗来讲，习惯其实就是语言或思维经过反复强化后形成的一种条件反射，而孩提时期养成的习惯最为牢固。3~6岁的幼儿期、7~12岁的童年期、13~17岁的少年期都是养成良好行为习惯、矫正不良习惯的关键期。

家长要紧抓“第一次”，这是养成良好习惯的开端。对此，陈鹤琴先生有过精彩的论述：“无论什么事，第一次做得好，第二次就容易做得好；第一次做错，第二次就容易做错。儿童种种坏习惯，都是由于开始学的时候，他们的老师或父母没有留意去指导他们的缘故，以致后来一误再误，成为第二天性。”

习惯培养专家周士渊先生发现：培养孩子好习惯，头三天极其重要，一个月基本能定型。但有些智慧性习惯的养成却需要好几年的时间，比如勤问常思、实事求是等。家长千万不要因为工作繁忙或不够耐心，在培养孩子的过程中自己先做了“逃兵”。

帮助孩子养成一个习惯前，家长都要有一个长期规划，并制定具体规范：最后目标是什么？多长时间能够建立起这个习惯？每一步应当有怎样的行为标准？

在具体实施的过程中，家长对孩子的要求应该是“目标明确，每天进步一点点”。家长同时应紧抓分析、评估、引导、训练这一系列环节。

最好每次只培养一个习惯，让孩子多些成就感，这样更容易坚持。比如，指导孩子写作业的时候，首先应将目标定为“正确率”。当孩子的正确率有了显著提升后，再关注孩子的速度问题、书写问题。家长可以制作一个表格，及时记下孩子的点滴进步。

而在习惯养成过程中，家长必须遵守一个重要原则：前后一致。千万不要言行反复不定，做出与孩子认知相冲突的事情，或者对孩子的请求心软，应允许“例外”的发生。

平时，家长还可以列举各种杰出人物的事例，以此来向孩子进行榜样教育。

袁梅给女儿报了一个兴趣班，虽然离家只有一个路口，可女儿却屡屡迟到。袁梅没有责怪女儿，而是给女儿讲起了李嘉诚守时的故事。她说：“李嘉诚将表拨快了十分钟，你知道为什么吗？”女儿摇头。袁梅解释道：“这样能保证李嘉诚不管做什么事都能提前十分钟开始行动，这样他就不会迟到啊。”

第二天，女儿早早地起了床，吃过早饭就背着书包出门了。从那时候开始，每当她参加同学聚会时，都会提前十分钟到达，不让别人等。

在习惯养成的过程中，很多孩子都会出现行为反复的情况。有的是因为意志力不够坚强，有的是因为受到外部环境的诱惑。无论是什么原因，家长都要坚持给孩子塑造良好的氛围，并始终关注孩子的正面行为，保持信心，相信孩子一定会向好的方向发展。

英国哲学家培根说："习惯是一种顽强而巨大的力量，它可以主宰人生。因此人自幼就应通过教育，去建立一种好的习惯。"家长要从日常生活中的点点滴滴去抓起，循序渐进地帮助孩子提高并完善自我行为规范。

每个场合都有它的规矩

孩子吃饭时将脚放在桌子上，家长一笑而过；孩子在公共场合尖叫、打闹，家长在一旁“加油助威”；孩子随意扔垃圾、插队，家长毫不在意；孩子过马路时不看红绿灯，家长训几句了事；孩子在学校打架滋事，进入社会后触犯了法律，家长笑不出来了……

为了避免这种情形的发生，家长一定要注重培养孩子的规则意识，告诉孩子不同的场合有不同的规矩。

陈国强带着妻子和孩子参加朋友间的聚会。吃饭之前，他告诉儿子说：“把饭吃完，我就给你买冰激凌。”谁知儿子只吃了几口饭却哭闹起来，吵着要吃冰激凌。陈国强却只顾和朋友聊天，对儿子置之不理。见父母全文冰激凌统改没什么反应，孩子渐渐停止了抽泣。

这时候，陈国强对孩子严肃道：“坐有坐相，站有站相，别吵到别人。将饭吃完，爸爸再带你去吃冰激凌。”孩子立马乖乖地继续吃饭了。

有的家长认为孩子应该自由成长，不该被条条框框限制住，但自由不等于放任。家长要从孩子3岁起就向孩子灌输规则意识。为了方便孩子理解，家长不妨利用生活中的各种场合来向孩子阐述规则的重要性，明确告诉孩子应当怎样做。

孩子的不良行为往往发生在下面这些场合中：

1.餐厅或参加宴会。很多家长都有过这样的体验，带着孩子出去吃饭或参加宴会，结果孩子全程跑来跑去、大喊大叫，对大人的劝告充耳不闻；吃饭过程中喜欢玩餐桌的转盘；霸占喜欢的食物，不许别人吃；将食物扒拉得到处都是，造成浪费等。

家长应从孩子小的时候就培养孩子关于餐桌的礼仪，要点包括：饭前洗手；不能乱跑打闹，说话声音不要太大；如果需要挪动座椅，动作轻一点，尽量不要发出声音；不要爬到餐桌上夹菜，请大人帮忙；遇到不喜欢的食物，不要抱怨难吃；如果是旋转的桌子，等别人取完食物再转动；如果要打喷嚏，将头转向一边，最好用餐巾捂住；提前退场要说“我吃完了，请各位慢用”等。

2.公共交通工具上、电影院、图书馆。很多孩子为了表达自己的存在感，喜欢在人多的地方大喊大叫，制造噪音。看到人们皱起眉头，捂住耳朵，孩子心里反而会生起莫名的自豪感。

家长应教会孩子在公共场所的行为规则，首先是要告诉孩子在公共场所要保持安静。其次包括：鼓励孩子主动给有需要的人让座；给别人造成了麻烦要及时道歉等。

看电影时最好带孩子提前去卫生间并准时到场；要求孩子别动来动去，保持静坐；看完电影后，让孩子将所有垃圾收拾干净，并带出电影院。

带孩子去图书馆时一定要遵守图书馆的规定：爱护图书，轻拿轻翻；别让孩子在书刊上随意涂抹，或者撕毁、丢弃图书；禁止孩子在阅览区吃零食、喝有色饮料，保持环境整洁。

3.音乐会、博物馆、展览馆。有些孩子喜欢在看音乐会的时候乱鼓掌，去博物馆、展览馆时喜欢触摸展品，甚至破坏展品。

带孩子去音乐会或看表演时，要提前告诉孩子：“一定要在合适的时候鼓掌，如果不知道怎么做，就照着别人的样子去做。”

去博物馆、展览馆时，让孩子谨记参观礼仪：只需动眼不许动手；着装整洁，不要穿拖鞋、背心来参观；保持肃静，用心感受艺术品的美。

4.马路、公园、广场。有的孩子很调皮，喜欢在马路上横冲直撞，频频违反交通规则，无视红绿灯。到了公园、广场等人多密集、视野开阔的地方，有些“熊孩子”可能会突然撞击别人，也不说对不起。如果撞到的是老人和婴儿，可能会造成严重的后果。

家长应该时常同孩子讨论安全问题，让孩子严格遵守交通规则。要点有：马路分快车道、慢车道、人行道，机动车走快车道，自行车走慢车道，行人最好走人行道；红灯停，绿灯行；走人行横道，不要横跨围栏，或者踩踏草坪；过斑马线的时候要放慢脚步，注意四周等。

带孩子去公园、广场等地时，让孩子不疾不徐，规矩行走；不小心撞到别人时要及时道歉；看到陌生人掉了东西，鼓励孩子主动弯腰捡起东西，还给对方。

公共场合有公共场合的规矩，家庭有家庭的规矩。家长可根据自家情况给孩子建立一套合理的行为规范，比如说：管理好自己的房间；不乱扔玩具，哪儿拿的放回哪里；进别人的房间前先敲门，不要随意打扰别人等。

美国前总统奥巴马十分重视家庭传统和规矩。他曾给10岁的大女儿玛莉亚和7岁的小女儿萨莎制定了几条家规。内容有：每晚8点30分准时熄灯；起床后一定要铺床；不许无故争吵、抱怨、或取笑别人；保证玩具房的干净整洁；课余生活要安排得丰富合理、不许追星；无论是过生日还是圣诞节都要保持节俭……

家长应该将各种场合中应遵守的规矩一一向孩子阐明，别让孩子盲目服从。表述的话要简单易懂，孩子容易遵守。

注意不要采用吓唬的方式给孩子立规矩，有些家长喜欢说“你不听话，这个家就不欢迎你”“看我怎么收拾你”……这只会增加孩子的焦虑感，却并不能帮助孩子理解规则的意义。

家长应在日常生活中投入更多的爱心和耐心，帮助孩子形成明确的规则意识，必要时与孩子拟定契约，用赏罚并重的方式培养孩子的契约精神，让孩子心甘情愿地遵守种种规矩。

纠正孩子行为中的攻击性

孩子玩玩具的时候，一遇到困难就将玩具推倒或者摔烂在地；孩子脾气火爆，动不动就推搡小伙伴；孩子一言不合就将手中的东西向身边的人扔去……这种种攻击性行为的源头在哪？孩子无故攻击别人或者被别的小朋友攻击时，家长应该如何处理？

昊昊五岁多的时候，脾气突然变得很暴躁。有时候，他会突然冲过来咬爸爸的胳膊。一开始，爸爸很生气，但是他极力压制住了情绪，拉着昊昊心平气和地说："昊昊，为什么总是咬爸爸？是因为爸爸不让你玩大人的手机吗？"昊昊点点头。爸爸严肃地对昊昊说咬人是不对的，并将他不让小孩玩手机的原因一一解释给昊昊听。

从那以后，爸爸尽量避免在孩子面前玩手机。他抽出更多的时间教孩子玩起了跳棋和飞行棋。在爸爸的努力下，昊昊爱咬人的习惯慢慢地被纠正了。

2017年的一项调查表明，九成以上的幼儿行为中会具有攻击性倾向，常表现为打、骂、咬、推、踢别人或者抢别人的东西等。专家分析说，婴幼儿阶段是攻击性行为形成的关键期，而攻击性行为的第一个高峰一般出现在3~6岁，第二个高峰出现在10~11岁。概括而言，男孩的行为攻击比女孩要频繁、严重，女孩大多会采取语言攻击的模式。

孩子为什么会出现攻击性的行为？1~2岁的孩子认知水平低，无法采用恰当的方式表达负面情绪。这时候孩子为了宣泄情绪，有的会出现手臂乱舞等情绪性体态，有的会随意摔东西。2岁多的孩子若在活动的时候受到干预，往往会用推人的方式表达拒绝。

特别常见的一种现象是：孩子看到喜欢的玩具会动手去拿、去抢，这会引起玩具的主人——另一名小朋友的反抗进而引发争吵。这是因为孩子太小，对物权关系没有概念，分不清哪些东西是自己的，哪些是别人的。这种行为与自然界的动物为了领地和食物发生争夺的情形很相似。

如果孩子在这场“玩具保卫战”中赢得了胜利，他会对自己的抢夺行为记忆深刻。那么下一次孩子若是遇到了同样的情况，为了达到目的，他会再次采取攻击性行为。

很多家长认为这是孩子间的小打小闹，对这个问题不需要过度重视。孩子发脾气时，有些家长甚至会逗孩子玩，用夸张的口吻谈论孩子打人的样子，这会导致孩子攻击性行为的进一步强化。

另外，孩子出现攻击性行为可能和周围的环境有关。家长若脾气暴躁，经常与人发生冲突，孩子也会受到家长的影响，习惯用“武力”去解决问题。而且现在很多电视、电影中总是出现对抗性、攻击性的画面，孩子判断不了是非对错，可能会将暴力行为视为“勇敢”。

这两种情况下孩子也容易发生攻击性行为：家长对孩子关心不够，时常打击孩子的自尊，孩子因缺乏安全感，性格会变得尖锐；另一些家长过度纵容孩子，老是对孩子灌输“先下手为强”的负面思维，孩子逐渐养成唯我独尊的性格。

该如何纠正孩子行为中的攻击性？家长可参考以下方式：

1.善用“面壁思过”法。

家长要及时制止住孩子的不良行为，引导孩子认识到自己的错误。时机成熟时离开孩子，并要求孩子独自一人“面壁思过”。事后与孩子谈心，让孩子总结反思自己的行为。

2.情景再现，让孩子扮演被攻击者。

家长不妨将之前发生冲突的那一幕重新模拟一遍，自己扮演攻击者，让孩子扮演被攻击者。通过这种方式来提高孩子的换位思考能力。

3. 带孩子玩“破坏性”游戏，引导孩子合理宣泄情绪。

孩子烦恼、忧愁、愤怒等情绪得不到合理的抒发，攻击性行为就会变得严重。带孩子玩一些“破坏性游戏”，能够释放孩子的不良情绪。比如和孩子一起玩黏土游戏，让孩子在使劲挤压、摔打黏土的过程中慢慢平复心情。

家长可以根据孩子自身情况设置合适的游戏。对于一些精力较为旺盛的孩子，家长可带他们去踢足球、练武术、赛跑；喜欢叫嚷、表现欲强的孩子可带他们练习演讲、朗诵、表演；好奇心强的孩子可以去学魔方、玩迷宫游戏等。

生活中，家长要尽量给孩子提供宽敞明亮的活动空间，最好别让孩子玩玩具枪、刀等带有攻击倾向的玩具。同时，阻止幼儿接触带有暴力场面的影视剧，减少来自外部环境的刺激。家长还可以带孩子参加公益活动，用亲身行动去帮助老弱病残，培养孩子的仁厚之心。

作为家长，对孩子的攻击行为不要护短、纵容乃至洋洋得意，而是要设法帮助孩子矫正不良行为。自家孩子被欺负也要教孩子正确应对的方法。

当孩子被其他小朋友攻击时，孩子逃避、退缩会让对方得寸进尺，让孩子“打回去”却会进一步激化矛盾。家长要让孩子学会正面应对，同时教会孩子自我保护的能力和技巧，及时给予孩子拥抱，平复孩子心中的委屈。孩子停止哭泣后，家长应温柔地告诉孩子正确的处理方法，如“别人欺负你了，试着和对方交流沟通，如果对方没有意识到自己的错误，那么就去告诉老师和大人，让他们帮你解决问题。”

你以为的“童言无忌”其实很伤人

孩子总习惯用最直白的语言来抒发心中的想法，例如“你长得好丑”“我不喜欢你”“你的衣服好难看”“我不想和你一起玩”……这种“童言无忌”有时候能逗大人哈哈大笑，有时候却会让对方僵在那里下不来台。

春节的时候，唐磊带着女儿晶晶去亲戚家拜年。亲戚见晶晶长得娇俏可爱，忍不住摸了摸她的小辫子。谁知晶晶却一甩手，说：“阿姨，你别碰我，你长得好丑啊，太胖了，真像动画片里的猪八戒。”大家都愣住了，唐磊连忙打了个哈哈，将话题岔开。亲戚尴尬地咳了咳，离开了房间……

孩子口无遮拦可能会将家长推入尴尬的境地，有时候还会招来麻烦。尽管如此，大部分家长对这个问题却不十分重视，总觉得孩子还小，无须在意。

家长要承认，孩子的童言无忌其实很伤人，正因家长对孩子缺乏正确的教育和引导，孩子才会肆无忌惮地想说什么就说什么，完全不考虑后果。

孩子的童言无忌经常表现在这些方面：不分场合地说出自家隐私。孩子一来词汇量不够，二来不懂得区分场合，不晓得察言观色，往往泄露了家中隐私还懵懂不知。家长应该告诉孩子什么是原则性话题，让孩子知道说话的界限在哪里。

有些孩子肆无忌惮地当着别人的面，指出别人的缺点或生理缺陷，引起他人的尴尬和反感。当孩子说出“你走路一瘸一拐的好难看”“你脸上长了好多斑”等类似的话时，家长一定要及时制止孩子，告诉孩子这样做是不对的。就算孩子说这些话的时候并无恶意，也要和孩子一起向对方表示诚挚的歉意。

有时候，孩子收到不喜欢的礼物会当众说出来。这个送礼物的人可能是家人、同学、朋友，而孩子太过直白的表达一定会伤害到对方的感情。家长要告诉孩子，无论喜不喜欢都要第一时间表达感激之情，并牢记别人的心意。

一个春日午后，年幼的希拉里和爸爸在公园里散步。一位穿着羊绒大衣、带着毛皮围巾的老太太正缓缓地走在他们前面，背影看起来很臃肿。希拉里脱口而出道：“爸爸，快看！那位老太太穿得好奇怪，她看起来太可笑了！”

她的声音太大，前面的老太太裹紧了衣服，加快脚步向前走去。爸爸的表情严肃起来，说：“我发现你既缺少欣赏别人的本领，又缺少热心和友善。”希拉里不服气道：“可是那位老太太本来穿得就很多啊。”爸爸说：“你看，她欣赏鲜花的表情多么安详、愉快，你不觉得她很美吗？”希拉里有点羞愧，她仔细观察了一会儿，渐渐体会到爸爸话中的深意。

在爸爸的鼓励下，她走近老太太，赞美道：“您欣赏鲜花的表情真令人感动，您让这春天更美了！”

家长该如何引导孩子与别人交流时言辞恰当呢?

1. 与孩子交流过程中避免使用负面的、带有评判性质的语句。

例如，一对母子在路上碰到了一只流浪狗，孩子一边躲在妈妈身后，一边嚷嚷着：“真脏！”母亲温柔地对孩子说：“这只可爱的小狗需要洗澡喽。”

家长平时在孩子面前多使用正向语言，少发些牢骚，或其他带有负能量的、评判性质的话语，孩子在这种环境下会潜移默化地避免对别人进行一些负面评价。

2. 用故事去循循善诱。

例如，当孩子说别人长得胖的时候，不妨跟他说一个故事：“你喜欢胖胖的熊猫还是瘦瘦的熊猫？熊猫和人一样，有胖有瘦，有高有矮，它们都一样可爱、一样讨人喜欢是不是？”孩子的年纪太小，家长跟他讲大道理，孩子可能不太能听明白，不如把道理代入幽默的小故事里，这样更容易被孩子记住并且理解。

让孩子明白何为说话的“界限”，一是为了让孩子能够保护自我，二是让孩子尊重这世上的诸多不同。家长要制止孩子对别人的不同之处妄加评价，并做到以身作则，不当着孩子的面对别人说长道短、评头论足。这其实是在帮助孩子构建多元的价值观。

很多家长怕孩子走丢，会让孩子记住家庭住址、电话号码。但一定要告诉孩子，这些信息什么时候该说，什么时候不该说，以免孩子口无遮拦引来麻烦。

成年人口无遮拦，会被人埋怨说“情商低”，但孩子的直白言语却大多被视为“童言无忌”。然而，这种“童趣”却会变成伤人的利器。如果家长不重视起来，它必会对孩子未来的社会交往造成严重阻碍。家长得引导孩子做生活的有心人，学会考虑他人的感受。

越是妥协，孩子越是“贪心”

家长教育孩子的过程中是否也曾遇到过这样的问题：孩子这也要，那也要，欲望就像是个无底洞，怎么也填不满。例如，家长跟孩子说好了“这是最后一块巧克力”，可孩子吃完立马“翻脸不认账”，非得闹着再来一块。面对这种情况，家长该怎么做呢?

睡觉之前，天天躺在床上听故事。妈妈说完了三个故事后，告诉天天道：“故事都讲完了哟，睡觉吧。”天天抱着妈妈的胳膊，撒娇道：“不嘛，不嘛，再说一个！”妈妈无奈地说：“这是最后一个了哟。”她翻开书，读了起来。谁知讲完后天天却仍不甘心，缠着妈妈继续讲下去。

妈妈将脸一黑：“你怎么说话不算话？”天天立马又哭又闹，妈妈叹了口气，只得答应了天天的要求。

三四岁的孩子占有欲强，眼里只能看到“想要的”，对其他的事物视而不见。家长在屈服于孩子的“贪心”时，往往会搬出一大堆理由：为了孩子不饿着；为了孩子不受挫折；为了摆脱公众场合中的难堪；为了能早点睡觉……

导致孩子贪心的最大原因在于家长的陪伴不够，亲子活动过少。这时候，孩子会将情感转移到对“物”的迷恋上，如贪恋玩具、零食等。很多家长观察到这样一个情况，孩子哪怕如愿得到想要的玩具，却并不知道珍惜，还没玩几天便要求家长给他买新玩具。

这是因为孩子不过是在拿玩具填补内心的欲求而已，如缺失的情感，孤独的情绪等。可无论孩子拥有多少玩具，都无法填补他内心的空虚感。

家长给孩子讲条件的时候，总会用上“最后”这个词语，却往往忽略了孩子的语言理解能力。孩子没有时间概念，“最后”意味着什么，他们并不清楚。即便如此，孩子却明白：只要答应家长提出的条件，就可以得到想要的。这是孩子一再破坏“最后”约定的原因。

孩子太过贪心，家长最好的回应方式是温柔而坚定地表示拒绝。孩子若是无理取闹，家长可循循善诱，提出“谈判”，吸引孩子的注意力，平复孩子的情绪。

谈判的过程中，家长要将姿态放低，平视孩子的眼睛，冷静倾听孩子的要求。记住要将谈判时间的设置权掌握在手里。当规定时间已到，孩子并未说服你时，理智地告诉孩子：“虽然你很失望，但谈判已经结束了。”

孩子若是不接受结果，继续发脾气，家长可及时叫停。比如留孩子一个人在房间里冷静。谈判次数进行得越多，孩子越能明白他的哭闹是换不来期待中的结果的。久而久之，孩子自然学会按规则行事了。

纠正孩子的行为需要经过漫长的过程，家长要注意以下细节：

1. 提前亮出底线。

一些家长在给孩子吃了一颗棒棒糖后，总是耐不住孩子的纠缠、请求，又给了孩子第二颗糖。与其如此，不如在一开始就告诉孩子：“今天你可以吃两颗糖。”

让步、妥协会让孩子误以为“哭闹”“央求”是他们的绝招。一开始就让孩子知道家长的底线，并坚决守住底线，孩子才会收敛贪心行为。

2. 安排仪式，为礼物增值。

一位爸爸总会精心挑选有意义的小礼物送给孩子，有时候是一本书，有时候是一个望远镜。他喜欢将礼物藏在家里的各个角落，然后引导孩子自己去找。当孩子费了一番心思终于找到了礼物后，会非常兴奋、开心。这时候，爸爸会为孩子安排一个拆礼物的仪式：他让孩子将礼物传给自己、自己传给妈妈，妈妈再传给奶奶，最后礼物又传回到了孩子手里。

利用特殊仪式可让礼物在孩子心中的分量大大增加。当孩子被这一个个有意思的小礼物打动时，他就不会觉得商场里光鲜亮丽的玩具、零食有着十分珍贵的价值了。

孩子在遭到拒绝时，总会脱口而出："为什么不可以……"有些家长会粗暴地回答说："我说不行就是不行。"这会激起孩子的反抗情绪，于是没完没了地和家长对着干。

有些家长选择对孩子絮絮叨叨地解释："你睡前听太多故事，容易兴奋的睡不着觉，长期下去会导致睡眠不好、身体不好……"可是孩子往往没有耐心听解释。不如说一些俏皮话来迎合孩子的胃口："小树一天一天长大，渐渐长成一棵大树，宝宝一天只听一个故事，听完一千零一夜个故事，就成了故事大王啦。"

平时还可多和孩子讲讲由于贪心而造成严重后果的童话故事，比如《渔夫和金鱼的故事》《聚宝盆》《贪心的小绵羊》等。

妥协只会换来孩子短暂的快乐，并不能真正解决问题。等孩子觊觎起不属于自己的东西，哪怕不择手段也要得到的时候，家长再去后悔，却是为时已晚。家长要帮助孩子改掉贪心的坏毛病，学会知足常乐的道理。

别让你的孩子成为人见人厌的“熊孩子”

有人说，这个世界上比拆迁大队更有破坏力的是熊孩子。广大网友还调侃道：“熊孩子要拜访你家？记得提前将珍贵的、值钱的东西藏好，否则，你心爱的化妆品、玩具、手办都要遭殃。”自家孩子若成了人见人厌的熊孩子，家长就要认真地反省自己的教育工作了。

一位妈妈给某育儿论坛留言，控诉她的邻居“欺负”她的孩子。这位妈妈经常带儿子去邻居家串门。儿子一进门就乱跑乱叫，将邻居心爱的书籍丢得到处都是。邻居刚想发火，这位妈妈却笑意盈盈道：“这个年纪的孩子就是精力旺盛，正常！”

有一次，她的儿子将一杯水差点泼到邻居家的电脑上，邻居瞬间火了，将孩子推到一边。孩子立马跳上前来踢打邻居，邻居向孩子的妈妈道：“你家孩子也太调皮了，你怎么不管管！”妈妈却将儿子拉到身后，不满地说：“调皮的孩子聪明啊，你怎么能跟孩子一般见识？”说着气呼呼地带着孩子走了，留下目瞪口呆的邻居。

熊孩子有着类似的表现：肆意妄为、不听管教。主持人孟非就曾在微博上调侃道：希望高铁上能够设置熊孩子车厢。可见熊孩子的表现已经引起了大多数人的反感。

有些熊孩子喜欢捉弄别人，经常对着陌生人推推打打；有些熊孩子喜欢乱摸乱翻别人的东西，看到喜欢的就据为己有；有的熊孩子坐电梯喜欢乱按楼层……

其实，不是孩子“熊”，而是家长“熊”。在熊家长眼里，孩子的一举一动都是活泼可爱。家长秉持着这样的思想去教育孩子，就容易让孩子不明白何为换位思考，对别人造成了伤害和困扰也表现得不以为然。

还有一些家长本身就三观不正，心里根本没有公共物品的概念。哪怕孩子浪费了公共资源，他们却认为理所当然，这比单纯宠爱孩子更值得诟病。而懂得将心比心的家长却能培养出善解人意的孩子。即便孩子确实对大家造成了困扰，也能被原谅。

在广州飞往北京的某趟飞机上，年轻父母细心照料着一对双胞胎宝宝。飞机起飞后，年轻爸爸态度温柔地向身边座位上的旅客发起了卡片。大家端详着手里的卡片，心头涌起一阵暖意。只见卡片设计得很是可爱，上面字迹娟秀：

“亲爱的叔叔阿姨，我们是一对相亲相爱的双胞胎。提前跟叔叔阿姨道歉，因为我们可能会因为太兴奋或身体不舒服突然哭闹起来。如果打搅了你们，请向我们的妈妈索要耳塞，同时我们的搞笑奶爸还可以为您唱歌消磨时间哟。祝各位叔叔阿姨旅途愉快！”

生活中，在孩子打扰了他人、与他人发生冲突时，有些熊家长并不咄咄逼人，而是无动于衷。他们会说：“没办法，我也管不了。”如果家长一味地纵容孩子的坏习惯，只会造成更严重的后果。比如社会上经常出现这样的新闻：因一时好奇，熊孩子将孕妇推倒；因施工太吵，熊孩子割断工人的安全绳；因恶作剧，熊孩子在电梯里暴打两岁女孩……

很多家长为熊孩子辩护时经常将“孩子还小”挂在嘴边，但这只是安慰自己的借口罢了。熊孩子长大了也不会有任何改变，人生之路反而会越走越狭窄。

那么，面对熊孩子，家长应该怎么做？可参考以下建议：

1. 设立“淘气椅”。

育儿师会在宝宝哭闹、撒泼的时候，让宝宝坐在“淘气椅”上平复情绪。家长可以将这一套搬进家庭教育中，等孩子情绪平复后，再耐心教导他行为中有哪些失当之处。

2. 另类惩罚：让孩子在画册上将发生的事情画下来。

孩子如果犯了错误，等他冷静下来后让他用专门的画册画下之前发生的事情，并记录好时间。这样做不会伤到孩子的自尊心，还有利于家长了解孩子心里的想法。

3. 及时承认教育失责，并督促孩子用行动去挽回过错。

西安的一个10岁小男孩经常在电梯间撒尿，让业主们气愤不已。男孩的母亲先在业主群里发了家长道歉信和孩子的检讨书，后来又要求孩子打扫一个月电梯作为补偿。此后孩子果真每天都去打扫电梯间，立即赢得了大家的原谅和点赞。

4. 培养孩子的边界意识。

一个有边界感的孩子在人际交往的过程中，会清晰地知道自己该说什么，该做什么，自然会给人留下有教养、有素质的好印象。为了培养孩子的边界意识，家长应该给予孩子足够的私人空间和选择权、支配权、隐私权，慢慢地，孩子就能领会到何为“边界”。

孩子就像一块橡皮泥，拥有着很强的可塑性。千万不要放任孩子野蛮生长，这样只会让孩子不懂规矩，引来旁人的反感。不想让自家孩子成为熊孩子，就别让自己成为熊家长。

你的修养，决定孩子的教养

苏霍姆林斯基曾说："对一个家庭来说，父母是根，孩子是花朵。父母常'看到'孩子的问题，却不知这其实是自己的问题在孩子的身上'开花'。"家长如果对弱势群体缺乏同情心，孩子的性格也会渐渐变得冷漠；家长喜欢无理取闹，孩子也变得强势起来……孩子的个性是在与家长长时间的相处互动中形成的，家长现在的行为正印证了孩子未来的样子。

一位环卫工人手执喷壶，给绿植喷水。父子俩静悄悄地待在一旁观察。男孩对父亲说："爸爸，我也想试一试。"父亲上前，对环卫工人礼貌地提出了这一请求。环卫工人欣然应允。男孩开心地接过喷壶，浇得格外仔细。

小男孩仰起头，骄傲地说："爸爸，要是我长大后也能成为一名环卫工人就好了。"父亲摸摸他的小脑袋，平静地说："好呀，行行出状元，前提是你得好好学习。"

修养与教养并不是一回事，先天的家庭教育培育了一个人的教养，后天的自我提升则塑造了一个人的修养。如果将原生家庭视为土壤，那么家长的修养就是孩子教养的养料，家长提供什么样的养料，就能培育出什么样的果实。

很多家长为了给子女提供更好的物质条件而竭尽全力，却将最为重要的家庭教育弃置一旁，可谓是本末倒置。于是生活中这样的情况时时发生：超市里，家长牵着孩子，趁乱挤进队伍中；走在路上，家长当着孩子的面对外地人或乞讨者鄙夷不屑，破口大骂……

处于成长期的孩子对外界信息缺乏基本的判别能力。家长要提前为孩子做好甄选，向孩子做出良好的行为示范。这些信息和示范很可能会成为孩子日后人格的一部分。

孩子之所以“坑爹”，问题出在“坑娃”的家长身上。家长自身“行不正坐不直”，就别怪孩子“坑爹”。不负责任的家庭教育可谓是搬起石头砸自己的脚。

一则新闻广为流传：郑州的一位老大爷因为公交车司机并未如他心愿，在十字路口停车，等老大爷赶上公交车后他一面猛砸车门，一面对司机痛骂不休。随后，老大爷不依不饶地堵在车门口，甚至动手打起人来。大爷的孙女拉住他，苦口婆心地说起道理，他却不听。

只听女孩说：“爷爷，这件事本来就是你做错了！车没进站就不能拦门上车，您再这样以后不用来接我放学了！”随后，女孩走到司机身旁，诚恳地低头道歉……

家长如果是极端的利己主义者，孩子的是非观只会变得扭曲起来。素质与修养堪称人的“第二基因”，家长能给予孩子的最宝贵的精神财富莫过于此。家长一定要以身作则，教会孩子如何优雅得体地与人交往。具体可参考以下建议：

1. 不要因为琐事相互谩骂，抱怨不休。

生活中经常看到夫妻相互指责：“你烦不烦啊”“我真是瞎了眼跟你在一起”“离婚算了”……总是用吵架来解决问题或者对最亲近的人口出恶言的家长，会给孩子留下一生难以磨灭的心理阴影。

2. 别轻易推卸责任。

很多家长陷入了这样的逻辑怪圈：孩子成绩不理想，就将所有责任推到学校的教育上；孩子喜欢打游戏，就认为网络游戏“十恶不赦”……他们从不肯承认自己的错误，甚至将气撒在孩子身上。这使得孩子的责任意识变得越来越薄弱，亲子间的信任也遭到了考验。

3. 热爱生活，有独特的生活情趣。

斤斤计较的家长只会培养出眼高手低的孩子。家长拥有丰富多彩的精神生活，孩子眼界和心胸也会变得开阔、豁达起来。

4. 保持清醒、自律。

尤其是在公众场合的时候，家长更要审视自我言行，是否合乎规范。平时找一找自己观念上有哪些需要改进的地方，改变一些不适当的做法。

5. 戒掉吸烟酗酒等不良恶习。

家长为了社交应酬或排解压力经常是烟不离手、借酒消愁。这其实是在向孩子灌输错误信息，比如抽烟、喝酒才能交到朋友。家长应该用更健康积极的解压方式来代替烟酒，除此外还要戒除沉迷游戏、赌博等其他恶习。

教育专家尹建莉说：“家长要想教育孩子，第一个教育对象应该是自己，即提高自己的素养。”因为家长的一言一行，都对孩子的人格塑造有着潜移默化的影响。家长要在教育孩子的过程中，努力推动自己进步，和孩子一起成长。